新訂版

学術リテラシー
ハンドブック

Academic Literacy Handbook

JN106821

信州大学教授

小山 茂喜 編著

はじめに

　このテキストは、「大学での学び」のスタートとして、大学の新入生全員が学ぶ「初年次教育」の授業テキストとして作られています。

　これまで、みなさんは小学校から高等学校までの学校教育の中で、人文科学・社会科学・自然科学・芸術・体育など、さまざまな内容を「学習」してきました。

　そこでは、教育の機会均等を保証するために最低限度の学習内容を示している「学習指導要領」にしたがって、それぞれの先生が創意工夫した授業を展開する中で、みなさんは各先生に導かれて、学んだり習ったりしながら、思考・判断し、その内容を表現する活動を通して、生きていく力として、知識や技能を身につけるための学びを展開してきたといえます。

　しかし、大学での「学び」は、読み方は同じでも「学習」から「学修」となり、これまでの学びを土台にして、自ら課題を見いだし、自らその課題を解決するために、自らの力で知識や技能を修め、その成果を世に問うていくことが求められています。

　そのため、大学の学びは、学校教育の学習指導要領のような最低限の学びの内容が示されるということはなく、自らで課題を見いだし、その自己課題に応じて見聞を広め・教養を高め・専門性を深めることが、求められています。

　ところが、これまでの大学教育（高等教育）は、明治時代の教育の名残のような「講義」や「演習」という授業形態の名称からもわかるように、教員から学生に対して「教え」「授け」る活動を通して、教養を高めたり、専門性を深めたりしていくという教育活動が長く採られてきました。

　しかし、教育という営みは、「社会的要請」に縛られる特性があります。

　国の教育のあり方を問う中央教育審議会において、大学教育のあり方が問われる中で、「学士課程教育の構築に向けて（答申）」（平成20年）が出され、情報技術やグローバル化が進む現代社会においては、「学修」の本来の姿に立ち返り、教員とともに、学生自らが、主体的・能動的・対話的に学びを追究する探究的な学びへの変換が求められるようになりました。

　「アクティブ・ラーニング」や「学士力」といったことばは、大学教育の改革の議論の中で示されたものです。

大学も中央教育審議会で示された方向に対応すべく、大学がどのような教育を学生に保証し、社会に対して教育内容を示していくのかについて、学問の最も基本的な土台であると同時に、日常生活をつつがなく送る上でも欠かすことのできない汎用的能力を含めた「学位授与の方針」を定めるようになっています。ちなみに筆者が所属する信州大学では、以下の内容を示すこととしました。

① 学士の称号にふさわしい基礎学力と専門的学力
② 的確に情報を収集し、理解し、発信する力
③ 持続可能な社会を実現するための課題に取り組む力

　以上のことから、大学での学びのスタートとして学ぶこの学術リテラシーは、「学位授与の方針」の②の内容を育むグループ活動等を授業の中核として編成しています。
　そのため、これからの４年間、大学での学びを支え充実させていくための科目といえます。
　もちろん、特に例として示した「学位授与の方針」②の内容は、この学術リテラシーという一つの授業で完成するものではありません。
　また、この授業は、「自ら課題を見つけ、内容を理解し・思考し・判断し・まとめ、他者に伝える」という学びのもととなる高等学校までの学習でも体験してきたコミュニケーション能力の諸要素の再構成したものを、みなさんが体験的に学ぶ活動を通すことで、学修の最初の一歩となるように設計されています。
　この授業でみなさんが体験し学んだことを、その後の学修でどこまで活用できるかが、「学位授与の方針」②項の実現と強く結びついてくるといえます。
　自己の可能性を伸ばすことを目標に、学修にチャレンジしましょう。
※〔学術リテラシー〕大学での学びに必要な読解力・記述力・情報処理能力・コミュニケーション能力

目　　次

この授業でつける力
（目標）

第1章
この授業で
つける力
（目標）

　教養教育では、自分自身を知り、自分の歩む道を求めて進むことができ、かつ社会との関わりを意識し自ら行動を起こせる「豊かな人間性」を持った人材の育成を目指しています。

　この目標を実現するためには、これまで人類が築き上げてきた知の継承と、その知を活用し未来を創造できる能力の育成と、多様な文化を受け入れる心の醸成と科学的な見方・考え方を身につける学びが必要となります。

　そこで、本テキストでは、高校時代に学んだことを大学生としての視点から改めて学習し、学習者が自己を開拓することを目的に学習内容を設計しました。

　そのため、高校時代までに得た知識・技能を、学術的な見識に裏付けられた生きて働く知識・技能へと発展させ、未知の状況にも対応できる思考力、判断力、表現力等を養い、社会と連携・協働しながら未来の創り手となるために必要な資質・能力を身につけることをねらいとしています。

　つまり、本テキストでは新たに「何か」を学ぶというより、これまでに身につけた「もの」を再構築し、学習や生活に「生かす力」にレベルアップするための学びを展開するということになります。

　高等学校までの学校教育で身につけてきた3観点の内容（知識・技能、思考力・判断力・表現力、学びに向かう力・人間性）を、本テキストの目標に置き換えた内容が、以下に示す表になります。

	知識・技能	思考力・判断力・表現力	学びに向かう力・人間性
言語能力	言葉の特徴やきまり、使い方などを理解し、使い分けることができる。 ・話し言葉（話し方）／書き言葉（書き方） ・言葉の位相（地域や世代、相手や場面等による言葉の違いや変容）	(1) 情報を多面的・多角的に精査し、構造化することができる。 【創造的・論理的思考】 (2) 言葉によって感じたり想像したり、あるいは感情や想像を言葉にすることができる。 【感性・情緒】	(1) 言葉が持つ曖昧性や、表現による受け取り方の違いを認識した上で、言葉が持つ力を信頼し、言葉によって困難を克服し、言葉を通して社会や文化を創造しようとしている。

	・文の成分、文の構成・文章の構造 （文と文の関係、段落と文章の関係）	(3) 相手との関係や目的、場面、文脈、状況等を理解し、言葉を通じて自分の意思や主張を伝達したり、相手の心の想像、意図や感情を読み取ることができる。 【他者とのコミュニケーション】	(2) 言葉を通じて、自分のものの見方や考え方を広げ深めようとするとともに、考えを伝え合うことで、集団としての考えを発展・深化させようとしている。 (3) 言葉を通じて積極的に人や社会と関わり、自己を表現し、他者を理解するなど互いの存在についての理解を深め、尊重しようとしている。
情報活用能力	情報と情報技術を活用した問題の発見・解決等の方法や、情報化の進展が社会の中で果たす役割や影響、情報に関する法・制度やマナー、個人が果たす役割や責任等について理解し、情報と情報技術を適切に活用することができる。	(1) さまざまな事象を情報とその結びつきの視点から捉え、問題の発見・解決等に向けて情報技術を適切かつ効果的に活用することができる。（相手や状況に応じて情報を適切に発信したり、発信者の意図を理解したりすることを含む） (2) 複数の情報を結びつけて新たな意味を見いだしたり、自分の考えを深めたりすることができる。	(1) 情報や情報技術を適切かつ効果的に活用して情報社会に主体的に参画し、その発展に寄与しようとしている。 (2) 情報を多面的・多角に吟味しその価値を見極めようとしている。 (3) 情報モラルや情報に対する責任について考え行動しようとしている。
問題発見・解決能力	課題に関する概念的知識を獲得し、課題の解決に必要な知識や技能を身につけ、探究の意義や価値を理解することができる。	実社会や実生活の中から問いを見出し、自ら課題を立て、情報を収集・整理・分析して、まとめ・表現することができる。	主体的・協働的に課題を探究し、互いのよさを生かしながら、新たな価値の創造やよりよい社会の実現に努めようとしている。

第**2**章

この授業の学び方

第2章
この授業の
学び方

(1)　グループ学習のやり方

　この学習は、高校までの各教科学習で得られた知識や技能を、再構成すると同時に、それらを活用したコミュニケーション能力を向上することを目的に、学生のみなさん一人一人が体験的に学ぶ方式を採っているので、学習の基本は、個人学習とグループ学習との往還で展開していきます。

　4人ないし3人のグループを毎時間組んで、協働で学習していきます。

　グループは、固定された方が連帯感が高まるという側面もありますが、学部数も多く、2年次以降は各学部に分かれて学ぶことになるので、本授業では、学生同士の出会いを多くとれるように可能な限り、毎回変動でグループを構成したいと考えています。ドイツの教育哲学者ボルノーは、出会いという体験によって、生きた知識や技能になると説いています。この授業では、多くの出会いを作って、大学での学修を充実させる能力を身につけてください。

　その意味で、グループ学習では一人一人が発表者であり、提案者であり、聞き手であり、司会であり、記録者であるというように多様な役割をすべて演じる主人公で、お互いの考えや思いを戦わせる場と考えてください。

(2)　事前学習としてやること

　教室の授業の中で、みなさんが学習できることは、限られています。

　この授業は高等学校までに身につけた能力を再構築し、大学での学修に対応した学術リテラシーを伸ばすことが学習目的です。

　事前学習としてハンドブックを読み、「ねらい」と「解説」で学習内容を確認して、「この時間は『自分はどのような活動をするのか』『自分は何をするのか』『どのような力を伸ばすのか』『事前に何をしておかないといけないのか』」ということを理解して授業に臨んでください。

　なお、新聞を読む・本を読む・資料を調べるといった課題が、授業ごとに課されています。

　事前学習をせずに教室に来ると、協働での学習ができずグループを組む人たちにも、迷惑をかけてしまいます。

⑶ 授業では

○話し合いの仕方

　全員が意見を出し合えるように、司会等を決めて進行を工夫してください。

　話し合いですから、言いっぱなしではなく、お互いの考えや意見などに耳を傾け、賛成できること、意見したいことなど視点を明確にして、話し合いができるように心がけてください。

　なお、話し合いの時間も限られているので、できるだけ簡潔に、また、あまり脱線しないように、みんなで心がけて充実した話し合いを試みてください。

○発表の仕方

　自分の考えや意見・思いを、他者に理解してもらうという視点で、発表しましょう。

　得てして、自分の発表が終わってしまうと、緊張が解け、他の人の発表を流して聞いてしまう人がいます。話し合いでは、自分の考えと他の人の考えの差異を明確にして、再発言することが大切な学びです。発表が終わったからといって、気を緩めないように話し合い活動をがんばりましょう。

○相互評価の仕方

　これまでのみなさんが経験してきた学びでは、評価は先生がするものというイメージがあると思います。

　しかし、この学習は、自ら主体的に学びに関わり、対話的な活動を通して、自らの能力を開発していくことが目的なので、学びの主体である学生のみなさんが、協働で各自の「考える」「表現する」といった能力をレベルアップしていくことがポイントとなります。

　その意味で、お互いの学びを評価し合うことが重要で、「良かったところ」「改善した方がよいところ」「自分との違い」などを、闊達に指摘し合うことが大切です。同時に、他者からの意見も参考にして、自己評価をきちんと行うことも、自分自身の成長という観点から重要になります。

　授業中、授業の相互評価の観点に基づき評価カードにメモし、授業後に授業サイト上に登録します。

　各回の授業で構成したグループメンバーそれぞれに、お互いに評価を入力することで、個々の授業評価が決定されていきます。

　相互評価のウェートは、全体の40％と割合が高いので、お互いに責任を持って評価していきましょう。

　次のページの例を参考に、お互いが伸びることを目標に、相互評価が有効に機能するよう努力してみましょう。

[評価カード例]

評価カード

| ○月　○日（火）　第○回 | | 氏名　　□□　　　□□ |

1．相互評価

学籍番号：	20L1234B	氏名：	浅間　温子
目標に対する評価	もう一頑張りが必要 （1点）	概ね達成 （2点）⭕	優れていた （3点）
コメント	発表内容がまとまっていて、聞いていてわかりやすかった。		
学籍番号：	20T5678D	氏名：	松本　旭
目標に対する評価	もう一頑張りが必要 （1点）	概ね達成 （2点）	優れていた （3点）⭕
コメント	内容が興味をひくもので、表現も工夫されていた。		
学籍番号：		氏名：	
目標に対する評価	もう一頑張りが必要 （1点）	概ね達成 （2点）	優れていた （3点）
コメント			

2．自己評価

授業のねらいについて	達成までには 不十分だった	概ね 達成できた	十分に 達成できた
		⭕	

反省（他者からの意見も含めて）

内容について不安があったが、みんなから良かったと言われたので、ほっとした。

早口で話してしまったので、相手にわかりづらくなってしまったらしいので、今後気を

つけたい。

⑷　事後学習としてやること

　事後学習は、それぞれの回によって異なります。

　グループ学習での相互評価を行い協働で学習したり、授業の課題レポート等を作成して、授業でのグループを中心に批評をし合ったりと、授業サイトを活用して能動的な学習を展開します。

　相互評価や批評では、「私は、○○について、□□だと思いました。なぜなら、△△だと考えるからです。」「私は、○○が、よいと思いました。なぜなら、□□と考えたからです。」「私は、□□について、◇◇を考えたので、○○としてみると、相手に伝わりやすくなると思いました。」「私は、□□について、◇◇を考えるので、賛成できませんが、いかがですか。」といったように、相手が理解できるように表現しましょう。

［授業計画］

時数	テーマ	授業のねらい	評価の観点
1	心をほぐして コミュニケーション 能力を高める	自己紹介文の作成や、構成的グループエンカウンターの体験と活動内容の説明文の作成を通して、自分の意図通りに内容を他者に伝えるコミュニケーションの難しさを体感するとともに、文章構成能力を身につける。	**自己評価** 他者に自分が伝えようとした内容を伝えることができた。 **他者評価** 内容や表現が、聞き手がわかるように構成されていた。内容を聞き出すために質問することができた。
2	新聞の 切り抜きレポーター	各自が新聞を読み、関心を持った記事を選び、その記事について感想を他の学生に伝え、他の学生から意見を求める活動を通して、自己の考えや思いを他者に伝えるための基本を学ぶとともに、他者から意見をもらうことでさまざまな考え方があることに気付く。	**自己評価** 他者に自分が伝えようとした内容を伝えることができた。 **他者評価** 話の内容がわかりやすかった。
3	伝えること	他者に、自分の意図通りに内容を伝えるには、どのような表現をしたらよいかを考え、「自分のひみつ文」を作成し、「伝える」ことの意義を理解し、その手法を習得する。	**自己評価** 他者に自分が伝えようとした内容を伝えることができた。他者に話が「うけた」。 **他者評価** 話の内容がおもしろかった。内容や表現が、聞き手が興味をもつように構成されていた。
4	記憶をたどってみれば	教材をもとに、書く題材を見つけ、簡単な文章を書くことができる。	**自己評価** 他者に内容を伝えることができた。 **他者評価** 内容がわかりやすく表現されていた。
5	文体にこだわって	自分の意図通りに内容を伝えるには、どのような表現をしたらよいかを考え「朝起きてから」を作成したり、文章模写の技法を真似して「朝起きてから」を書き直したりする活動を通して、文章を書くことの楽しさを体感する。	**自己評価** 他者に自分が伝えようとした内容を伝えることができた。他者に話が「うけた」。 **他者評価** 話の内容がおもしろかった。内容や表現が、聞き手が興味をもつように構成されていた。

6	新聞読み比べ	新聞のコラムの書き写しや社説の読み比べを通して、文章の構成を学ぶとともに、情報処理にかかわるメディアリテラシーを身につける。	**自己評価** コラムを書き写すことができた。社説を読み比べて、要約を作成できた。 **他者評価** 社説の読み比べ要約文の内容は、説得力があった。
7	本の要約	本の内容を要約し、その内容を他者にわかるように書評を作成する技能を身につける。	**自己評価** 本の内容を読み解き、要約することができた。他者に本の内容をわかりやすく伝える書評を作成できた。 **他者評価** 書評の内容は、わかりやすかった。発表がわかりやすかった。
8	新聞記事をもとにプレゼンテーションを作成	記事を読み解き、記事内容を自分なりの視点で探究し、探究した内容を他者にわかるように構成することを学ぶとともに、プレゼンテーションの技能を身につける。	**自己評価** 記事を読み解き、探究する課題を設定できた。探究の成果を、他者にわかりやすく伝えるプレゼンテーションが作成できた。 **他者評価** プレゼンテーションの内容は、説得力があった。

[育成する能力]（授業ごと）

時数	テーマ	言語能力	情報活用能力	問題発見・解決能力等
1	心をほぐしてコミュニケーション能力を高める	5W1Hを意識し、自分の意図通りに内容を伝えることができる。1文は50字以内でまとめることができる。	他者が伝えようとしている話の内容を引き出し、理解することができる。的確な質問・回答が行える。	自分の役割を認識し、行動できる。グループの一員としてグループワークに取り組める。
2	新聞の切り抜きレポーター	自分の関心事を他者に的確に伝えることができる。自分の関心事について、議論することができる。	目的に応じて図書館を活用できる。関心のある記事をスクラップすることができる。記事内容を批判的に読むことができる。自分の考えと他者の意見を比較し、違いを明確にすることができる。	多角的な観点から、課題を見出せる。

3	伝えること	他者にわかりやすい文章を作成できる。 他者が興味をもつように内容を構成できる。	文章の作成に必要な情報を、過不足なく集めることができる。 集めた情報をもとに新聞を作成することができる。	自己を他者に理解してもらうには、何を・どのように伝えるかを明確化できる。
4	記憶をたどってみれば	題材にあった文章を構成することができる。	問題設定・解決策提案に必要な情報を集めることができる。	意義のある課題を見出せる。 独自の内容を見出せる。
5	文体にこだわって	自分の意図通りに内容を伝えるための表現について考え、文章を構成することができる。	目的に応じてメモを取ることができる。 文章の作成に必要な情報を、過不足なく集めることができる。	文体の特徴を理解し文章化できる。 五感を活かして、課題を見出せる。
6	新聞読み比べ	自分の意図通りに内容を伝えるための表現について考え、文章を構成することができる。 表現の違いなどに視点を向けて、講評し合うことができる。	複数の記事を批判的に読み取ることができる。	社会的・学術的に重要な課題を見出せる。
7	本の要約	話の流れに沿って要点をまとめることができる。 調べた内容や自分の考えを、効果的に説明・発表できる。	問題設定・解決に必要な情報を集めることができる。 収集した情報を理解し・整理できる。	自ら課題を発見し、その解決に向けて検索・収集した資料を分析・整理し、自分なりの考えがもてる。
8	新聞記事をもとにプレゼンテーションを作成	他者が納得する内容構成で発表することができる。 即興で受け答えができる。	写真や図、表等を活用して、他人が見てわかりやすい発表資料を作成できる。	多角的な観点から、重要な課題を見出せる。 解決に向けて検索・収集した資料を分析・整理し、自分なりの考えをもつことができる。

第 **3** 章

各時間の内容

心をほぐして
コミュニケーション能力を高める

1 ◉ ねらい

　自己紹介文の作成や、構成的グループエンカウンターの体験と活動内容の説明文の作成を通して、自分の意図通りに内容を他者に伝えるコミュニケーションの難しさを体感するとともに、文章構成能力を身につける。

　同時に、他者の話を聞く中で、互いの良さを認めて相手を思いやる力をつける。

相互評価の観点（到達目標）

> 自己評価…他者に自分が伝えようとした内容を伝えることができた。
> 他者評価…内容や表現が、聞き手がわかるように構成されていた。
> 　　　　　内容を聞き出す工夫がされていた。

※エンカウンターとは、ホンネを表現し合い、それを互いに認め合う体験のことです。

2 ◉ 解説

　授業の始まりは、この授業に参加している人たちが、「お互いを知る」という活動です。

　はじめて出会ったという人同士が、どのようにコミュニケーションをとることで知り合いになれるかを、体験的に学んでみましょう。

　自分は人見知りで、初対面の人とは話すことができないという人もいるかと思いますが、思い切って活動してみましょう。

　この学習の到達点は、エンカウンターと呼ばれる手法を学びながら、表現力

をつけるとともに、参加している学生同士が知り合いになることなので、4人で1つのグループを作って活動します。

　最初はグループの中で、うまく活動できない人もいるかもしれません。無理をせずに、みんなで協力して、どのようにしたら活動できるかを、話し合ってみることも、大切な学びになります。

　また、この授業の評価は、テストや先生の判定といったみなさんがこれまで慣れ親しんできた方法とは若干異なり、自己評価と学生同士の他者評価と教員からの評価を組み合わせて行います。

　みなさんの高等学校までの学びの成果（到達状況）は、一人一人異なっています。この学びでは、一つ一つの学びの到達目標を示しますので、自分で自分の学びの達成状況を判断することになります。

　自分の到達状況（実力）を把握し、学んだことによって、自分がどれだけ成長したかを、自分自身で確認することが大切です。自分に厳しくしすぎる必要もありませんが、甘くしすぎてしまわないように注意しましょう。

　自己評価では、最初に「やったこと」に対して「何ができたか」「どこまでできたか」を確認し、次に「できていないこと」「努力しなければならないこと」を確認します。

　他者評価とは、ともに学んでいる仲間が、到達目標に対して、どの程度達成できているかを客観的に評価してあげることです。活動の途中で随時評価して、メモをしておきましょう。

　その際の評価は減点法の評価ではなく、加点法的に「できていること」や「頑張っていたこと」を評価してあげてください。

　評価の準備ができたら、お互いに他者の学習成果について評価し、お互いに情報交換してみましょう。

　その際、「良かったところ」「できたこと」「頑張っていたこと」「もう少し努力するとよいところ」の順で発表しましょう。

　続いて、他の人からの評価と自己評価との差を各自で考察してみます。時間があれば、グループの中で発表し合ってもよいでしょう。

　自分では、うまくいかなかったと思っていたとしても、他者から見ると「頑張っていた」と評価されたり「未達成」と考えていた内容が「概ね達成」と評価される場合もあると思います。

　逆に、自己評価では「達成した」と考えたけれど、他者からは「努力が必要」と評価されることもあるかもしれません。

　評価の差を、再度考え、次の行動につなげていくのが、この授業の大きな特徴です。

3 ◉ やってみよう

⑴ グループを作る

4人で、1グループを作ります。

できれば、すでに友達になっている人ではなく、「今日はじめて会いました」という人同士でグループを作ります。

あぶれてしまう人が出ないように、隣近所でうまく声をかけ合ってグループを作ることもコミュニケーション能力の開発につながります。

⑵ 自己紹介をする（20分）

まずグループ内のメンバーで、お互いに自己紹介をします。

自己紹介というと、「○○学部の□□△△です。よろしくお願いします。」と、名前の紹介だけで終わってしまう可能性が高いので、会話を始める前にちょっと立ち止まって、自己紹介の内容の密度を濃くする作業を行います。

どうしてかというと、この授業は各自のコミュニケーション能力を含めた「読み・書き・表現」といった能力（リテラシー）を開発（再構築）することを目的としているからです。

初対面の人に、自己紹介として自分の「何」を「どのよう」に「語る」かを考える活動は、内容構成を考えながら「他者」に「何」を伝えたら「自分を理解してもらいやすい」か、「親しみを持ってもらいやすい」かを考える学びになります。

そのため、評価の観点（つまり到達目標）は、「他者に自分がどういう人物であるかについてわかりやすく伝えることができたか」になります。

では、自己紹介文作成シートの作成に取りかかましょう。

右ページのようなシートに自己紹介の内容を箇条書きし、話す順番を決めます。

自己紹介の持ち時間は、1人につき1分とします。

1分間は短いようで長い時間です。

到達目標を意識して、聞いてもらう人が理解しやすい話の流れや、関心を持ってもらうにはどのようなエピソードを入れるとよいかも考えて、話す準備をしましょう。

おおよそ、5分程度でメモの作成は完成するので、メモができあがったら、

いよいよ発表になります。

　グループの中で、タイムキーパーを決めて発表するか、教員がタイムキーパーとなり、全体で一斉に行うか、状況によって展開は異なりますが、とにかく1分間で、自分を理解してもらうための自己紹介の発表をします。

　もし、時間が足りなくなっても、いったん自己紹介は終わりにします。

　逆に時間が余ってしまったら、1分間「何か」しゃべり続けてください。

※自己紹介文作成シート

○自己紹介のための内容（何を話すか）順番

・……………………………………　（　　）
・……………………………………　（　　）
・……………………………………　（　　）
・……………………………………　（　　）
・……………………………………　（　　）

○他の人の紹介のメモ

○よかったと指摘されたこと

　聞いている人は、発表のよいところを中心にメモをし、発表後にお互いに感想を述べ合うための準備をします。

　自己紹介が終わったら、それぞれの紹介について感想を述べ合います。

　特に、よかった点や印象に残ったことについて、それぞれ評価し合い、他の人からよかったといわれたことについては、シートにメモをしましょう。

(3)　人間コピー機でコミュニケーションの難しさを体験する(15分)

　グループの中の誰か一人が、隠してある絵を見てきて、どんなふうにかいたらよいかを伝え、グループ全員で隠された絵とそっくりな絵を完成させるというエンカウンターのエクササイズです。

【人間コピーのやり方】
・制限時間は10分
・グループの中のだれか一人が、絵を見てきて、どんなふうにかいたらよいかを伝えます。
・何回見に行っても、だれが見に行ってもよいですが、一度に見に行ける人は必ず一人です。
・お題の絵とそっくり同じ絵をかくことが課題です。

この活動での評価の観点、つまり到達目標は「協力できたか」「相互理解ができたか」になります。

活動は単純ですが、ルールをきちんと守ることが重要になります。

ルール

○絵を見てきた人…言葉だけで伝えます。

　　　　　　　　　　ジェスチャー・身振り・手振りなどは禁止です。

○絵をかく人…絵を説明する人以外の3人は、全員絵をかきます。

　　　　（全員の絵が異なったものになっても構いません）

　　　　絵を見てきた人から、より多くの情報を聞き出します。

　　　　絵をかいている人は、絵をお互いに見合って、話し合っても構いません。

○全員…………うまく伝わらないからといって文句は言わない。

　　　　絵がうまくかけなかった場合も文句を言わない。

[例]「説明する人（○）とかく人（■）の会話」

○紙の左側に黒い魚が右向きで5
　匹います。

■1列ですか？　どんな形ですか？

○細長い魚です。4列ですが、1
　列目が一番左で1匹です。1列
　目の魚の頭の先の下の所に、2
　列目の魚が1匹います。…

10分程度でこの体験は終了にして、答え合わせをします。

絵は完成していなくてもかまいません。

答え合わせをした後、活動の時の気持ちを率直に語り合ってみましょう。

「協力」「相互理解」という観点で、話し合うことがポイントとなります。

⑷ 活動を表現する（50分）

　ここまでの活動を文章に表現することを通して、文章構成能力を再構築します。

　この活動は、高等学校までの学習で身につけた「表現力」を活用して、どのような手法を使うと他者に伝わる文章が書けるようになるかを学びます。

　よく「文章力がない」とか「文章を書くのが苦手」とか「文章は書けない」という人がいますが、大方「書き方」もしくは「書くテクニック」を身につけていないだけで、学校教育で学んだことを組み替えるだけで、文章は書けるようになるはずです。

　まずは、これまでの学びを振り返り、作文メモを作成します。

　このメモは、ある新聞社が新聞記事を作成する訓練として使用しているものを改変したものです。

　最終目標はこのメモを活用して、今日の学びについてのレポートを作成することです。

　次のページの原稿作成メモシートを使って、以下の順番で今日の活動を振り返って原稿作成メモを作成していきます。

　まずは、今日の活動を振り返って、頭に思い浮かんだ印象に残っている内容３つを箇条書きでメモします。

　　　具体的には

> ・活動で一番心に残っていることを、40字以内でⅠ－①に書きます。
> ・次に二番目に心に残っていることを、40字以内でⅡ－①に書きます。
> ・次に三番目に心に残っていることを、40字以内でⅢ－①に書きます。

心に残っていることを箇条書きしたら、次に、内容を掘り下げていきます。

> ・活動で一番心に残ったことの理由をⅠ－②に３つ書きます。
> 　（ここでは順番は気にせず、思いついた順に書いていきます。）
> ・Ⅰ－③には、①で考えたり思ったりしたことを書きます。

以下は同じように
・活動で二番目に心に残ったことの理由をⅡ－②に３つ書きます。
・Ⅱ－①で考えたり思ったりしたことを書きます。
　続けて、
・活動で三番目に心に残ったことの理由をⅢ－②に３つ書きます。
・Ⅲ－①で考えたり思ったりしたことを書きます。

文章を埋めたら、Ⅰ－②、Ⅱ－②、Ⅲ－②の中の順番を決めます。

　ここまでできれば、文章のフレームは概ねできあがったといえます。あとは、ちょっと飾り付けという文章化作業をすれば、できあがりです。

Ⅰ－①　一番心に残っていることを書こう。

Ⅰ－②　一番心に残った理由を３つ書こう。　　　　　　　　（伝えたい順位）

Ⅰ－③　Ⅰ－①で考えたり思ったりしたことを書こう。

Ⅱ－①　二番目に心に残っていることを書こう。

Ⅱ－②　二番目に心に残った理由を３つ書こう。

Ⅱ－③　Ⅱ－①で考えたり思ったりしたことを書こう。

Ⅲ－①　三番目に心に残っていることを書こう。

Ⅲ－②　三番目に心に残った理由を３つ書こう。

Ⅲ－③　Ⅲ－①で考えたり思ったりしたことを書こう。

では、メモをもとに、次の作業に進んで、600字〜800字程度の記事風文章にまとめてみましょう。

状況によって授業時間内に作成が終了しなかった場合は、事後学習になります。

㋐ それぞれの見出しを作る。

Ⅰ−①、Ⅱ−①、Ⅲ−①の内容を、他者が一目で理解できるように要約したものが「見出し」となります。

それぞれについて、10字以内で見出しを作ってみましょう。

Ⅰ−①の見出し

Ⅱ−①の見出し

Ⅲ−①の見出し

㋑ 記事の内容を書く。

Ⅰ−②、Ⅱ−②、Ⅲ−②の内容のそれぞれについて、伝えたい順に沿って、Ⅰ−③、Ⅱ−③、Ⅲ−③の内容と関連付けながら、事実や自分の思いを他者に理解してもらうにはどう表現したらよいかを考えて作文してみましょう。

［作文のポイント］

5W1Hを、意識して書きます。

> Who（だれが）、When（いつ）、 Where（どこで）、
> What（なにを）、 Why（なぜ）、How（どのように）

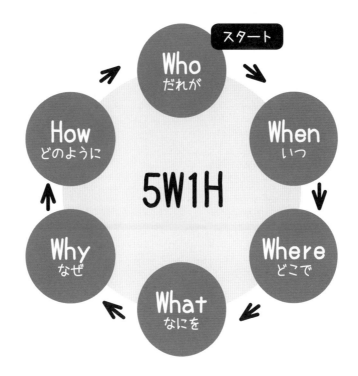

　Who（誰が）とWhat（何を）を伝えることで、結果が明確になります。

　Why（理由）とHow（手段）を伝えることで、どのようにその結果に至ったのかの過程が明確になります。

　When（いつ）とWhere（どこで）を伝えることで、時間と場所が明確になります。

※５Ｗ１Ｈのどの内容をスタートにするかは、状況によって異なります。

　さて、これまで、みなさんは受験勉強として４Ｗ１Ｈを使って、事実をWho（誰が）What（何を）When（いつ）Where（どこで）How（どのように）と整理して文章を書くことには慣れてきたと思います。

　なぜかというと、試験の問題には、「Why」は設問として示されていたので、みなさんは「なぜ」という視点で考えて書く必要はありませんでした。

　しかし、他者に自分の考えを伝えるためには、「なぜ」という問題点を示さないと、何について語ろうとしているのかが相手に伝わりません。

　そこで、今回はグループ活動の印象を記事にするので、この５Ｗ１Ｈの「Why」つまり「なぜか」を加えて考えてみましょう。

　書き出す順番は、見出しに「どの場面」の内容かが示されているはずなので、主語と述語の設定「誰が…どうした」から始めてみましょう。

　そのあと、「なぜ」を意識して内容の肉付けを考えてみましょう。

　また、１文が長くなると文章の内容が不鮮明になるので、１文は50字以内でまとめるようにしましょう。

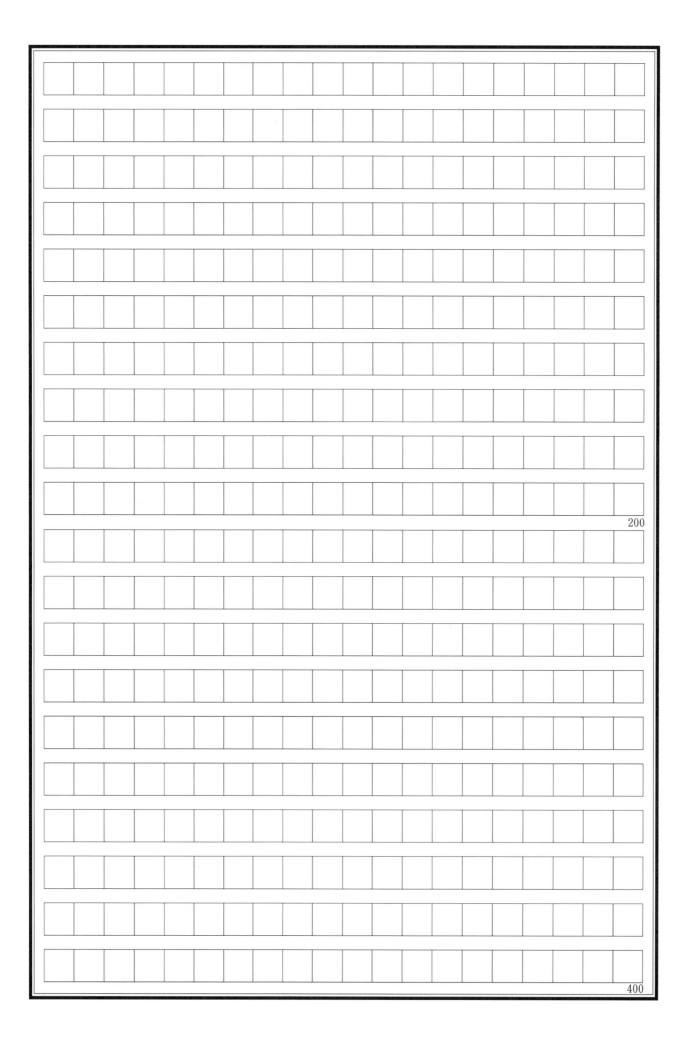

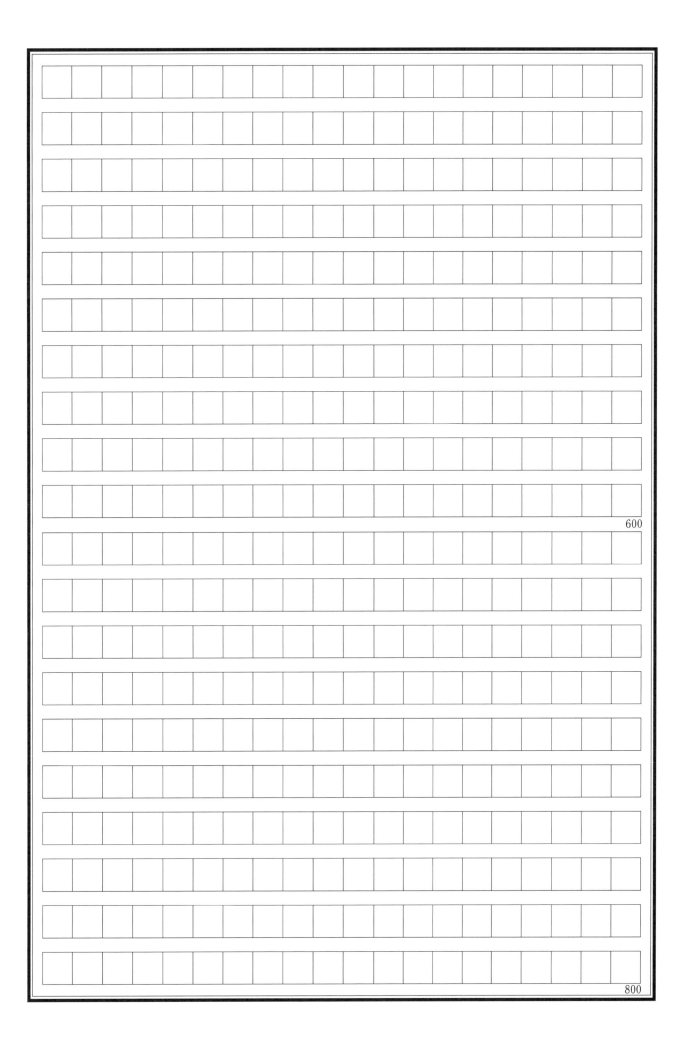

㈦ 記事を評価する

　作成した記事をグループ内で順番に読んで発表し、内容や話し方などについて相互に評価し合います。

　指摘された評価内容は書いた原稿に記入しておき、校正に生かします。

4 ● 事後学習

　相互評価をもとに記事を校正し、完成したら授業サイト上に提出します。

　今後の事後学習に共通しますが、評価カードをもとに相互評価を授業サイト上に記入します。

　次の授業では、新聞記事の切り抜きレポートを行うので、新聞を読み「気になる記事」を探しておきます。

　高校生までは、新聞をとっている家庭も多いので、じっくり読む読まないにかかわらず、新聞に触れる環境にあった人が多いと思います。

　大学生になって親元を離れて生活をするようになると、身のまわりに何気なく新聞があるという環境でなくなる人が多く、ネットでニュースなどは確認できるので、わざわざ新聞を読む必要はないと考えてしまいがちです。

　しかし、ネット上で見ることができる新聞記事は限られていると同時に、紙面とは異なり速報性を重視するので、検証は紙面よりも甘いこともあり、対象が同じものでも、刻々と内容は更新されて変わっていきます。ついさっきまで掲載されていたのにネット上から消えている記事や、内容が変更されている記事はたくさんあります。

　ネットで気になった記事を、改めて紙面で確認してみることも大切なことです。

　図書館で全国紙や地方紙等を閲覧することができます。紙面の確認と比較読みにチャレンジしてみましょう。

第**2**回

新聞の切り抜きレポーター

1 ◉ ねらい

　各自が新聞を読み、関心を持った記事を選び、その記事について感想を他の学生に伝え、他の学生から意見を求める活動を通して、自己の考えや思いを他者に伝えるための基本を学ぶとともに、他者から意見をもらうことでさまざまな考え方があることに気付く。

相互評価の観点（到達目標）

> 自己評価…選んだ新聞記事について、視点を決めて考察ができた。
> 　　　　　他者に自分が伝えようとした内容を、伝えることができた。
> 他者評価…話の内容がわかりやすかった。

2 ◉ 解説

　みなさんは新聞を読んでいますか。

　大学生で新聞を読まないという人は意外に多い、というより、読んでいる人の方が少ないようです。

　日本新聞協会の調査（2018年新聞オーディエンス調査）によると、20代でみると、「毎日、新聞を読む」と答えた人は全体の約１割程度でした。

　そして、世代に関係なくほとんど新聞を読まないと答えた人たちの多くが、テレビ（約７割）やネットニュース（約６割）から情報を得ていると答えています。反面、ほとんど新聞を読まないと答えている人たちの６割の人は、実家等では新聞に触れる機会があると答えていることから、新聞が身近にあれば読むけれど、なければ読まないということでしょう。

　また、「毎日、新聞を読む」と答えた人たちも、４割近くはネットニュース

も見ると答えていることから、最近では、ネット上のニュースを見ることで、情報を得たとしている傾向が強まっているといえるでしょう。

さて、新聞を読むといっても、新聞に載っている記事の1日分の文字量は文庫本だと1冊程度、新書だったら2冊程度、小学校5年生の国語の教科書1冊程度といわれていて、毎日、隅から隅まで、新聞に目を通すことはできないものです。

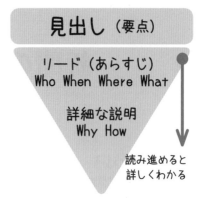

見出し（要点）
リード（あらすじ）
Who When Where What
詳細な説明
Why How
読み進めると詳しくわかる

新聞を読むときの基本は、すべてを読むのではなく、1面から最終面までパラパラとめくっていく「飛ばし読み」です。

なんとなく「見出し」をながめ、もし、気になる見出しがあったら、前文（リード）を読み、もっと知りたくなったら本文を読むという方法です。

なぜかというと、新聞が持つ特性が「一覧性・俯瞰性・網羅性」だからです。

みなさんは新聞記事の構造について、すでに小学校の国語で、「見出し→リード文→本文・資料」の「逆三角形」構造で書かれていて、見出しを見ただけで、記事のおおよその内容やニュースの大小・重要度などを知ることができるということを学習してきています。

また、新聞はページごとに、たくさんの顔を持っています。

○総合面
○政治面
○解説面
○経済面
○国際面
○オピニオン面
○文化面
○投書欄
○生活面
○スポーツ面
○社会面
○ＴＶ・ラジオ欄

「1面」は新聞社の「顔」。その日の日本と世界のニュースの中で、最も大切だと判断した記事が4～5本入っています。あらゆるニュースが入っているので「総合面」という呼び方をしています。

さらに、多くの新聞では1～5、6面ぐらいまでが「総合面」で、政治のニュースなどを中心に掲載し、そのあとに「経済面」「国際面」「スポーツ面」「生活面」「教育面」「科学面」「地域面」「読書面」などが続き、読者の「声」や「社説」などもあります。

なお、テレビの番組欄も、社会の様相を的確に表している部分ともいえます。

つまり、新聞を飛ばし読みするということは、自分の関心がなかった分野の記事にも目を通す作業をするということになり、多種多様な情報を一覧し、俯瞰することで、自分の視野や可能性を広げることにもつながるということになります。

現在はインターネットの普及によって、誰もが簡単に大量の情報を入手できるようになりました。そのため、ネットニュースを見ることで、手軽にかつ短

時間でさまざまなニュースに触れることができるようになりました。

　しかし、この便利さは、私たちにとっては、「両刃の剣」といってもよい状況を生み出しているともいえるかもしれません。

　なぜかというと、ネットから得る情報は、「自分が気になること」「自分が好きなこと」に関する内容のものだけになる傾向があるからです。そのため、多面的・多角的に物事を見るという観点から、外れてしまう可能性があります。当然、新聞でも一紙のみ読んでいるだけでは、多様な見方や考え方という観点からは、十分といえません。数種類の新聞を俯瞰して、どのように書かれているかを比べてみることで、ものの見方や考え方に関する視野が広がっていきます。

　また、新聞にはさまざまな種類の文章が載っていて、「5W1H」が的確に表現されているので、新聞を読むことは、大学での学びに必要な「最低限必要な情報を整理」したり、「人に伝え」たりするための方法を学ぶよい機会となります。

　今回のテーマである「新聞の切り抜き」は、小・中・高校の学習等で展開されている「新聞スクラップ」と内容としては近いものです。

　小・中・高校における「新聞スクラップ」の学習では、各自「読んで気になった記事を切り取り」「ノートなどを使ったスクラップブックに貼り付けて」、それら記事の要点をまとめたり、他の記事との関連性を見いだしたりしながら、感想や考察などをまとめたりすることが多いといえます。

　今回の学びでは、みなさんが「パラパラ」と新聞を読んでいく中で、気になった（目にとまった）記事について、自分なりの考察を展開し、その考察について自分以外の人と議論することで、ものの見方や考え方を深めたり、コミュニケーション能力を高めたり、表現力を高めたりすることをねらっています。

　この世の中、「答えが一つ」なんてことはほとんどないといっても過言ではありません。

　ところが、学校教育では「一つの正解」を求めて、学習を展開していることが少なくありません。多様性が求められる中で、新聞を読み考え、議論する活動を通して、さまざまな考え方や多様な価値にふれ、いかに他者に理解してもらうか、いかに自己を表現するか、いかに個性ある考え方を生み出すかにチャレンジしてみましょう。

　ここでの学びをベースに、「自分なり」の新聞の読みを深めたり、新聞記事をスクラップしたりすることで、世の中に対する視野を広げていきましょう。

3 ◉ やってみよう

(1) 新聞を読む(20分)

4人ないし3人1組で、グループを作ります。

まず、新聞を読み、どのような観点でもよいので、目にとまった記事の中で一番に気になった記事を選びます。

次に、「なぜその記事が目にとまったのか」、その記事に対する「自分の感想はどうなのか」を「気になった記事カード」に記入します。

[選んだ新聞記事] 〔朝日新聞2019年7月10日（火）6ページ経済面〕

かっこいいトラクター続々
内装黒で統一／「フェラーリのよう」農業の魅力高める

田畑を耕すトラクターなどの農機が、かっこよく変身している。メーカーは高級乗用車を手本に、デザインやエンジン音を工夫。乗り心地にも気を配っている。実用性を重視してきたメーカーがデザインに目を向け始めたのは、農業の魅力を高めるためだ。

ドアを開けるとライトがさりげなく足元を照らす。運転席でハンドルを握ると、しっくりとなじむ。

クボタが6月発売したトラクター「レクシア」。内装は黒で統一され、運転席に並ぶボタンは、F1マシンのコックピットを想像させる。エンジン音や、ノブを動かすときの感触も、心地よいものになるよう計算した。加藤寿人デザインセンター所長は「五感に訴えるものづくりができた」と胸を張る。

デザイナーをモーターショーに派遣したり、高級車を借りたりして、ハンドルやレバーの位置など細かい部分まで参考にした。

クボタは2014年、デザインセンターを立ち上げた。かつては数人しかいなかったデザイナーは、今では20人超まで増えた。かっこよさを求める声は、大規模農家からあがった。農業の魅力を高めて、人材の確保につなげる狙いだ。

同業のヤンマーは13年、フェラーリを手掛けた工業デザイナー奥山清行氏を持ち株会社の社外取締役に迎え、製品のデザインを一新。「フェラーリのような農機」が脚光を浴びた。

デザインが企業イメージに直結するとして、オフィスの内装なども変えていった。

農機具メーカーのデザイン重視戦略は、さらに広がっている。ヤンマーの子会社がつくるドレッシングや酒造会社とのコラボ商品の容器も、ヤンマーのデザイナーが手がけた。土屋陽太郎デザイン戦略室長は「デザインのよいものが評価される時代。農業に興味を持ってもらうきっかけをデザインでつくっていきたい」と話す。

［気になった記事カード］

| 学籍番号:**20A1234B** | 氏名:□□　□□ |

1．選んだ記事について ← 新聞記事の基本情報になります

新聞名	**朝日新聞**	掲載日・何面	2019.7.10経済面
見出し	かっこいいトラクター続々		

2．記事に書かれていたことを要約すると ← 新聞記事の内容を三項目に要約します。

○農作物の魅力を高めるために、田畑を耕すトラクターなどの農機が、かっこよく変身している。

○五感に訴えるものづくり、かっこよさは、農業の魅力を高めて人材の確保につなげるため。

○農機具メーカーのデザイン重視戦略は、ドレッシングや酒造会社とのコラボ商品の容器へと広がっている。

3．記事を選んだ理由は ← 新聞記事を選んだ理由を簡潔に書きます。

フェラーリのような農機という見出しと農業の魅力をデザインで伝えようという発想がおもしろいと思ったから

4．記事の内容に対する意見や感想を3つ書こう
（「どうして」という背景にある自分の興味や体験を含めて書こう）← 新聞記事を読んで考えたこと、思ったこと、意見などを、理由を含めて三つ書きます。

① 農機のデザインは農作業をするための機能が、重視されることが一番だと思う。

② 五感に訴えるものづくりは、使いやすさから始まって、かっこよさは結果ではないかと思う。

③ 農機具メーカーも、デザイン重視戦略で、多角化経営をしていることにも驚いた。

5．全体として自分の主張や考え、思いを簡潔にまとめてみると ← 新聞記事の何を他者に伝えたいかを簡潔にまとめます。

デザインも大切だが、日本の食料生産を考えていく上で、農機のコストをどう考えるかも重要な問題だと思う。

次の発表の活動では、このカードの内容をもとに2分間の発表を行います。

(2) 発表と話し合い（20分）

選んだ記事について、「なぜこの記事を選んだのか」、「この記事で何を考えたのか」など、「気になった記事カード」に書き込んだ内容をもとにして発表をします。

発表する順番を決めてから、1人につき、「制限時間2分」で発表します。この発表のポイントは、必ず「2分」を使うことです。

短いようで長い「2分間」をうまく使って、「どのように」他者に自分の考えていることを伝えたらよいかを学ぶ訓練です。

途中で、話す内容が終わってしまったからといって、発表を終わりにしてはいけません。

「どんなことがあっても」とは大げさですが、2分間は何かしゃべり続けることがルールです。また、話が途中でも、2分で話をやめるということもルールです。時間測定係を決めて、「1分経過」「あと30秒」と知らせて、発表の残り時間がわかるようにしてください。

発表を聞いている人は、きちんとメモをとります。

発表を聞いた後、付箋に感想や意見を書き込んで、発表した人の記事のところに貼ってください。

付箋一枚に一つの意見や感想を書くようにします。複数の意見等があった場合は、複数の付箋を貼ることになります。

一つの記事にたくさんの付箋が貼られるように、2分間をうまく活用した発表に努めてください。

ルール

発表時間は1人2分
　※2分オーバーしたらそこでやめる。
　　2分間しゃべり続ける内容がなくなっても、何か話題を見つけて
　　2分間はしゃべり続ける。
発表者は新聞記事を、みんなが見えるように提示する。
聞く人は、付箋にメモをとる。
　※良かったところ・工夫されているところ・改善した方がよいところ　等

⑶　２分間発表原稿を作成する（30分）

　　各自、他の人からもらった２分間発表についての付箋の内容を参考にしながら、自分の発表内容を振り返り、正式な２分間発表原稿を作成します。

　　１分間で読める文字数は300字〜350字程度が標準です。

　　多くても、700字程度で「なぜこの記事を選んだのか」「この記事で何を考えたのか」などを、「気になった記事カード」をもとに、聞いている人がわかりやすいように発表原稿を作成してみましょう。

　　聞いている人がわかりやすいということは、内容についてどうやって興味を持ってもらうのか、また、発表内容の起承転結がはっきりしていること等が重要なポイントとなります。

　　なお、この原稿作成では発表用原稿作りなので、レポート作成とは異なり、内容が変わっても改行の必要はありません。

　　「気になった記事カード」の順番でみると、3→1→2（内容の重要度で書く順番を考える）→4（伝えたい度合いで書く順番を考える）→5の順番で発表内容を構成すると原稿が作成しやすいでしょう。

かっこいいトラクター続々

氏名　●●□□

農機のデザインで農業の魅力を伝えようという発想に興味を持ち、かっこいいトラクター続々という記事を選びました。記事によると、田畑を耕すトラクターなどの農機が、農業の魅力を高めるため、デザインやエンジン音、乗り心地などに気を配って高級乗用車並みにかっこよく変身しているとのことです。中でも、6月に発表されたクボタのトラクターは、F1マシンのコックピットのようなデザインとのこと。農業の魅力を高めて、人材の確保につなげたいという大規模農家の要望等に応え、五感に訴えるものづくりを展開したとのことです。また、ヤンマーは、フェラーリのような農機の開発をめざし、14年からデザイナーを増員し、デザインセンターを立ち上げて、企業イメージも変えてきています。このデザイン重視戦略は、ヤンマーの子会社がつくるドレッシングや酒造会社の容器のデザイ

ンにも及んでいるとのことです。これまでの農機は農作業への実用性が重視されていました。デザインが考慮されることで、改めて五感に訴えるものづくりが、使いやすさという実用性に結びつき作業効率があがることが期待されます。これまでの農業の機械化が農家の機械貧乏による収益の悪化と価格競争での海外農産物に対する劣勢を生み出したことから、デザイン重視は、農機の価格上昇にもつながるといえ、大規模農家と国内農家の大半を占める兼業農家との経営格差による生産性の差など、今後の農産物の国内生産に与える影響も考えていかなければならない問題だと思います。なお、デザイン重視の戦略が、容器の開発など、農機具メーカーの経営の多角化にもつながっていることも、目が離せない話題だと思います。

⑷　　評価（10分）

- -

　完成した発表原稿をもとに、グループの中で各自２分間で発表します。

　それぞれの発表について、全員で約２分間で講評をしてください。

　講評（評価）の観点は以下のとおりです。特に、他者評価については、「どこが」良かったのか（わかりやすかったか）、改善するとすれば「どこを」修正すればよいかを、具体的に示してください。

> 自己評価…選んだ新聞記事について、視点を決めて考察ができた。
> 他者に自分が伝えようとした内容を、伝えることができた。
>
> 他者評価…話の内容がわかりやすかった。

4 ◉ 事後学習

　評価の内容については、授業後評価カードにまとめて授業サイト上にアップします。

　第８回の授業では、学生一人一人が新聞を読み、新聞記事から関心をもった記事を選び、その記事についての感想を他の学生に伝え、他の学生から意見を求める活動を行います。

　この活動を通して、自己の考えや思いを他者に伝えるための基本を学ぶとともに、他者から意見をもらうことでさまざまな考え方があることに気付くことを目標とします。

　そのために、各自で新聞を読んで、興味・関心をもった新聞をスクラップします。できれば、複数の新聞を読むようにしましょう。

　ネット上でも新聞記事を読むことはできますが、ネットの記事は訂正や取り下げられることも多いので、可能な限り、紙面でも確認するようにしましょう。

　図書館の閲覧コーナーや、図書館の学術情報データベースを活用するのも、有効な学習方法です。

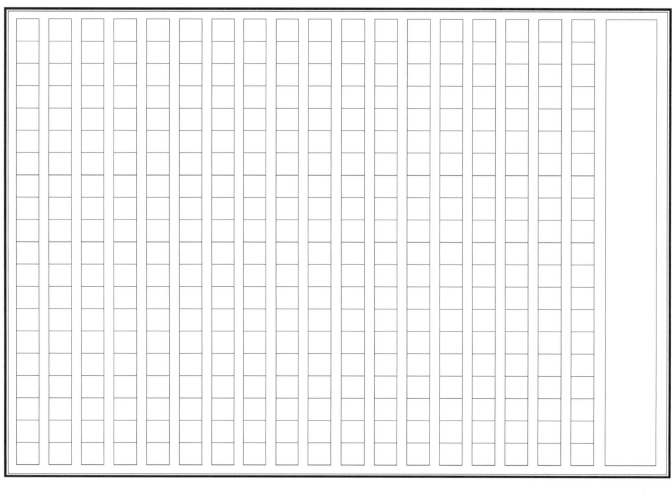

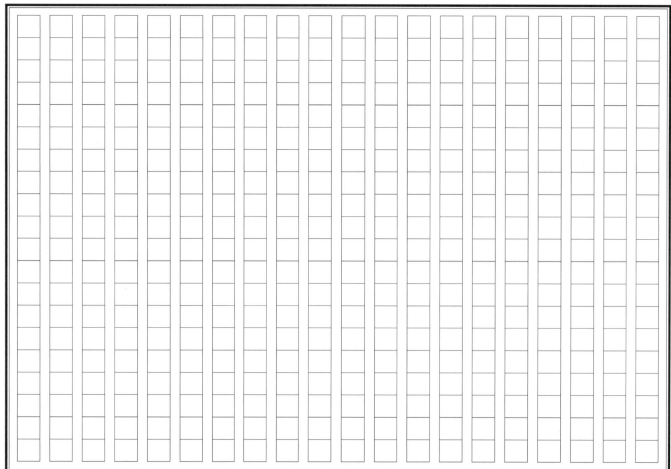

伝えること

1 ◉ ねらい

　他者に、自分の意図通りに内容を伝えるには、どのような表現をしたらよいかを考え、「自分のひみつ文」を作成し、「伝える」ことの意義を理解し手法を習得する。

相互評価の観点（到達目標）

> 自己評価…他者に自分が伝えようとした内容を伝えることができた。
> 　　　　　他者に話が「うけた」。
> 他者評価…話の内容がおもしろかった。

2 ◉ 解説

　「ここだけの話ですが……」（みんなに知らせてもかまわないものだけに限定します！）に続くような文章を作成し、発表するという活動を通して、文章の構成や話し方について、これまで学習してきたことを再構成するという活動を行います。

　「テストでのミス」「幼いころの失敗」「笑われてしまったこと」等のひみつの中で、人前で話しても差し障りのない内容について、おもしろく他者に伝える活動を通して、自己開示を試みることもねらいになっています。とかく、ひみつの話は他者に話したくない自分にとっては負の遺産です。

　しかし、内容をどのように伝えるかで、自分にとっても他者にとっても、自己の生き方を見直すよいきっかけにもなります。

　同時に、マイナスイメージになりがちな内容を正の遺産として伝えることができれば、コミュニケーションの場としても、充実した内容になると思います。

　そのため、今回の評価の観点（到達目標）は、主観的・個人的な価値観も大きく影響しますが、ねらいの項でも示したように次の内容となります。

> 自己評価…他者に自分が伝えようとした内容を伝えることができた。
> 　　　　　他者に話が「うけた」。
> 他者評価…話の内容がおもしろかった。
> 　　　　　内容や表現が、聞き手が興味をもつように構成されていた。

　この学習は事前にひみつの話をいくつか絞り込み、どのように展開するかを考えてくるという事前学習が必要になります。

　また、到達目標である「うける」という観点をクリアするためには、どのような内容の話になるのかを、話を聞いてもらう他者に知られてしまっては、学習の前提条件が崩れてしまうので、ネタバレしないように細心の注意を払うことも重要になります。

　次の事前学習のミッションを確認して、学習の準備をしてください。

3 ◉ やってみよう

(1)　事前学習　「自分のひみつ話の2分間原稿を作成してくる」

> 　人は、自分の失敗や負のイメージを人に知られたくないものです。しかし、その壁を乗り越えてしまうと、お互いが心が開かれて、緊張せずに話したり付き合うことができるようになります。
>
> 　そこで、今回は「幼いころの失敗、テストでのミス、笑われてしまったこと」等の中から、みんなに知らせてもかまわないものの範囲で、話をしてもらいたいと思います。
>
> 　どのような内容を話すかも大切ですが、今回はさらに、他の人にいかに「うけるか」もしくは「笑いをとれるか」ということも評価の観点にしたいと思います。
>
> 　つまり、興味をもってもらい、かつ「面白い話」となるように、話し方にも工夫が重要になります。
>
> 　ひみつ話作成シートに構想を書いて、発表の準備をしてください。くれぐれも、発表の前に、内容を知られないように注意してください。
>
> 　話の展開は、2分以内で完結するようにしてください。

[事前学習の手順]

①こんなことをしちゃったという内容を選ぶ。

（公開しても大丈夫なものの中で選択する）

②聞いている人が、「おもしろく話が聞けるようにする」には、また、「話し手の人柄が伝わるようにする」には、どのような展開にすればよいかの観点で構成を考える。

「ひみつ話」作成シート

学籍番号　　　　　　　　氏名

〇内容→実は、こんなことしちゃいました！

〇展開
　・はじまり→「つかみ」はなにか

　・内　容→話をどう展開するか

　・おわり→「落ち」を考える

〇他者からの評価

※「起承転結」と「５Ｗ１Ｈ」に注意する。

　　特に、５Ｗ１Ｈのスタートを、どれにするかをよく考える。

③２分間をうまく使うには、どうしたらよいかを考える。
　（第２回の２分間原稿を作成した時のことを思い出してみましょう。）

　　・出だしは？
　　・盛り上げるところは？
　　・話のスピードは？
　　・おわりは？

---

④パフォーマンスも考える。
　　興味・関心を持ってもらえる「タイトル」を考える。

⑤発表原稿を作成し、練習する。

ポイント

・聞き手が理解しやすい話のペースは「1分間に300文字」が適切です。
　　※アナウンサーの1分間に話す文字数は350字程度。
　　※テレビやラジオ番組では、２分で内容を一区切りし、聞き手を飽きさせることのないように工夫しています。

というわけで、今回も２分で内容をまとめます。

・600字程度にまとめる。
　　一文の長さは、多くても45〜50字程度。
　　一文が長すぎると内容が頭に入ってこなくなり、内容が聞き手に響かなくなってしまいます。

・話し方…間の取り方を考える。

・身振り・手振りも考える。

タイトル：

200

400

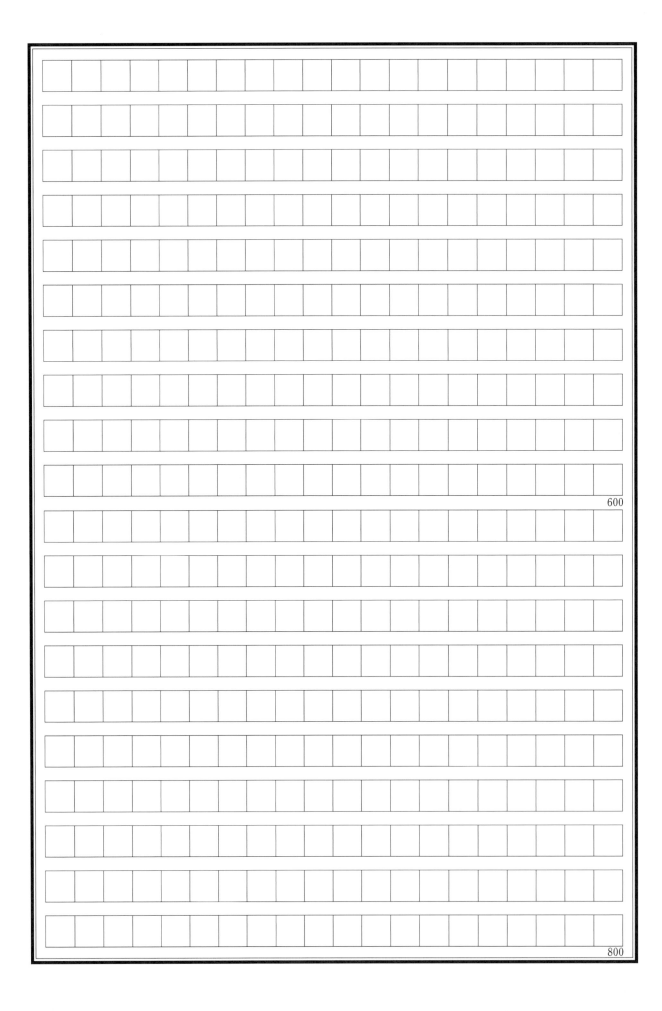

600

800

⑵ グループ内での発表(45分)

ここから教室での授業です。

3人から4人でグループを作ります。

作成してきた原稿で、グループごとに個々の「ひみつ話」を発表します。

1人で2分間をフルに使い切るように発表します。

発表する順番と話し合う際の司会を決めて、活動を開始します。

発表を聞きながら、「内容がおもしろいか」「内容がきちんと伝わってきたか」という評価の観点で、それぞれの発表者についてメモをとります。

一人一人、発表が終わったら、評価の観点に沿って評価をし、内容をメモします。

全員の発表が終わったら、それぞれの話の良かった点や改善が必要なところなどを、それぞれ評価し合います。

まず、他者からの評価をそれぞれ聞き、他者評価の内容についてメモし、他者からの評価が終了したら、次にそれぞれの自己評価と他者評価とを照らし合わせながら、自分の発表についてのまとめを発表します。

評価が終わったら、グループの中で、一番おもしろかった話を選出しておきます。

（グループごとの発表が終わった後に、いくつかのグループに、とっておきの話をしてもらいます。）

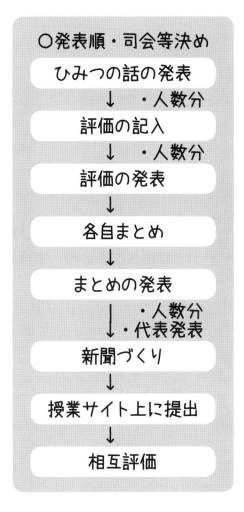

○発表順・司会等決め

ひみつの話の発表
↓ ・人数分
評価の記入
↓ ・人数分
評価の発表
↓
各自まとめ
↓
まとめの発表
↓ ・人数分
↓ ・代表発表
新聞づくり
↓
授業サイト上に提出
↓
相互評価

⑶ 発表原稿の再構成

指摘された内容をもとに原稿を再構成し、第1回の原稿作成シートも活用して、「○○新聞」の内容を構想します。

Ⅰ-①　一番心に残っている内容を書こう。

Ⅰ-②　一番心に残った理由を3つ書こう。　　　　　　　　（伝えたい順位）

Ⅰ-③　1-①で考えたり思ったりしたことを書こう。

Ⅱ-①　二番目に心に残っている内容を書こう。

Ⅱ-②　二番目に心に残った理由を3つ書こう。　　　　　　（伝えたい順位）

Ⅱ-③　Ⅱ-①で考えたり思ったりしたことを書こう。

Ⅲ－①　三番目に心に残っている内容を書こう。

```
┌─────────────────────────────────────────────┐
│                                             │
├ ─ ─ ─ ─ ─ ─ ─ ─ ─ ─ ─ ─ ─ ─ ─ ─ ─ ─ ─ ─ ─ ─ ┤
│                                             │
└─────────────────────────────────────────────┘
```

Ⅲ－②　三番目に心に残った理由を3つ書こう。　　　　　　（伝えたい順位）

```
┌───────────────────────────────┐   ◯
│                               │
└───────────────────────────────┘

┌───────────────────────────────┐   ◯
│                               │
└───────────────────────────────┘

┌───────────────────────────────┐   ◯
│                               │
└───────────────────────────────┘
```

Ⅲ－③　Ⅲ－①で考えたり思ったりした内容を書こう。

```
┌─────────────────────────────────────────────┐
│                                             │
├ ─ ─ ─ ─ ─ ─ ─ ─ ─ ─ ─ ─ ─ ─ ─ ─ ─ ─ ─ ─ ─ ─ ┤
│                                             │
├ ─ ─ ─ ─ ─ ─ ─ ─ ─ ─ ─ ─ ─ ─ ─ ─ ─ ─ ─ ─ ─ ─ ┤
│                                             │
└─────────────────────────────────────────────┘
```

4 ◉ 事後学習

　授業の中では「○○新聞」の作成は時間が足りないので、事後学習として次ページのサンプルのような新聞を完成させます。

　新聞が完成したら、授業サイト上に提出します。

第7回の授業に向けて

　第7回の授業では、「学修」のためのリテラシーを高めるために、「本を要約する」という学習を行います。

　課題図書の中から選んだ本を読み、内容の概要を作成するという活動です。内容で大切と思ったことや、ポイントと思うところをチェックしながら、選んだ本をこつこつと読んでいきましょう。

　内容に興味を持った事柄があったら、関連した内容の新書などを図書館等で探して読んでみると、学習がより一層深まっていきます。

　大学生として必要な学術リテラシーを、新聞を読む・本を読むという活動を通して高めていきましょう。

見出し
（ここだけの話の原稿を貼り付ける）

○○新聞

発行人：

他の人の内容と感想

他の人の内容と感想

他の人の内容と感想

感想

第4回

記憶をたどってみれば

1 ◉ ねらい

　教材をもとに、書く題材を見つけ、簡単な文章を書くことができる。
相互評価の観点（到達目標）

> 　自己評価…他者に内容を伝えることができた。
> 　他者評価…内容がわかりやすく表現されていた。

2 ◉ 解説

　これまで、原稿作成シートを活用して、高等学校までの学習内容を再構築して、効率よく定型の文章を書けるようになるための訓練をしてきました。
　今回は、レベルアップして、よりよい文章を書くにはどうしたらよいのかという内容に焦点を絞って学んでいきます。
　いくつかの参考例をもとにして、相手にわかりやすく、かつ、よい表現だなと思わせる簡単な文章を書くことにチャレンジしてみます。
　評価の観点（到達目標）は、「他者に内容を伝えることができたか」「内容がわかりやすく表現されていたか」と結構あっさりしています。

3 ◉ やってみよう

　私たちは時系列で文章を書き表しがちです。
　しかし、わかりやすい文章は、必ずしも時系列で表されているとは限りません。

次の文章を読んでみましょう。

……ぽんと鼓を叩く音がした。犬が左足を上げながら、けげんげに空を向いた。つられて見ると、どすんと言って、葉桜とぼくらに覆いかぶさるように、まっ黒い夜空からピンクの大輪がしだれ落ちてきた。

　花火は夜空に何度も咲いては、散った。葉桜はうらやみをこらえて、夏空にさざなむ。

　往時の輝きを思って、波立つ。…

（『書くことが思いつかない人のための文章教室』近藤勝重著、幻冬舎新書、2011年、p.20より）

情景をイメージすることができましたか？

もしかすると、イメージが全くわかないという人もいるかもしれません。

(1)　情景を思い描くことができるかチャレンジする（10分）

　隣の人と、どんな情景をイメージしたかを話し合ってみましょう。生活経験や学習経験の違う人同士ですから、異なった情景の話になったと思います。

　実際、この文章を解釈するのは難しいと思います。

　そこで、この文章を読み手がわかるようにするには、どのように書き換えればよいかに、チャレンジしてみましょう。条件など追加して、自分がイメージした情景を他者にわかりやすく理解してもらえるように、文章を書き換えてみましょう。

文章ができあがったら、4人グループを作って、それぞれの文章を発表して批評し合ってみましょう。

　近藤勝重さんが書き直した文例を見てみましょう。

> ……鼓に似たボンという音がする。用を足そうと左足を上げたままの犬がけげんそうに空を向く。ぼくも空を見上げた。続いてドーンと耳をつんざく音がして、ピンクの花火が空に広がり、ぼくと犬とそばに立っていた一本の葉桜を覆った。真っ黒な夜空に大輪の花が咲いて次々に散った。
> 　葉桜が夏空に向かってそよいでいる。その姿は花火をうらやましがっているようにも見える。自分が満開だったときのことを思って、負けまいと一生懸命に葉を揺さぶっているのだろうか。……

（前掲『書くことが思いつかない人のための文章教室』p.21より）

　みなさんが、書き直した文章と「どこが違っているか」「どのような点に工夫がされているのか」をグループの中で話し合い、「よい文章」の条件を考えてみましょう。

> よい文章の条件とは

　近藤さんは、よい文章には、「独自の内容」が「伝わる表現」で構成されていると指摘しています。同時に、伝わる・よくわかるとは、描写が具体的でイメージが鮮明にわいてくるとか、要領よくまとまっていて、頭にすらすらと入ってきたり、内容に興味が持て、おもしろく読めるといったことが大切だとも指摘しています。
　では、近藤さんの文章のどの部分が「独自の内容」で、表現の工夫は何なのかを確認してみましょう。

独自の内容

表現の工夫

⑵ 書くことがない(20分)

まず、「春について思うこと」を箇条書きで書いてみましょう。

　書けたら、4人グループで、自分が「春について思うこと」の内容を発表し合います。

　発表する際は、相手に伝わるようにするには、何に気をつけて話せばよいかを考えてください。

気をつけること

次に、「春について思い出すこと」を箇条書きで書いてみましょう。

書けたら、同じようにグループで、自分が「春について思い出すこと」の内容を発表し合います。

「思うこと」と「思い出すこと」でどちらが、書きやすかったでしょうか？

「思うこと」は、結構難しい課題で、行き詰まってしまった人も多いのではないでしょうか。

それに比べて、「思い出すこと」は、比較的書きやすかったのではないでしょうか。また、発表するときも、具体的な情景を思い浮かべながら、他者に伝わるように話すことができたのではないでしょうか？

つまり、「思い出すこと」は、すでに記憶に残っている「何か」を引っ張り出してきているので、書いたり話したりする材料がすでにあって、無理なく対応できます。

ところが、「思うこと」は、私の心の中で「判断」した結果として「私はこう思う」と表現しなければならないので、「何について判断しなければならないのか」という必然性がないと対応できないのです。

文章が書けないという場合、「何か」について「思い出す」という作業をしてみると、書く材料が芋づる式に見つかってくるものです。

⑶　状況を思い出して書く（50分）

　「思うこと」は、必然性を見いだせないと書けないので、「思うことは書けない」でよいのかといわれると答えは「No」です。

　文章作文は、筆者の「思い」の産物で、「思い出す」ことも「思い」の一部でしかありません。

　「思い出す」は、イメージとして記憶されているので、描写することが比較的しやすいのですが、心に「思うこと」は形がないので、描写しにくいのです。

　たとえば、「つらい」という「思い」について、考えてみましょう。

　A君のつらさもB君のつらさも、言葉では「つらい」という表現になりますが、内容は同じでないことは、だれもが理解してることです。

　でも、そうなんでしょうか。つらい体験と言っても、人が違えば体験そのものも異なり、心に抱く感情も人それぞれ異なります。

　つまり、「どうつらいのか」が具体的に書かれていないと、相手には伝わらず、自分の心にある思いをちゃんと表現したことにはなりません。

　自分が「つらい」と思った出来事（体験）を細かく描写することで、読んだ人が、仮想ではあるけれど追体験できるような表現を心がけることが重要になります。

　「つらいと思ったことで、今思い出すひとコマ」という題で、中学生が書いた文章を読んでみましょう。

　　母とけんかをした。それからというもの、母しばらく口を聞いてくれなくなった。

　　一緒にご飯を食べている時も、お笑い番組を見ている時も、二人共、だまったままだ。

　　いつもなら、家族の笑い声か聞こえてくるのだが、なぜか今日は静まりかえっている。

　　ただ、テレビから笑い声が聞こえるだけだ。

（前掲『書くことが思いつかない人のための文章教室』p.31より）

> スーパーに買い物に行きました。千円持って行きました。私の食べたいおかしや飲み物を持ってレジに行きました。お会計は千円以下だと思ってたのに、1001円でした。店員さんの困った顔が目に焼きついています。

（前掲『書くことが思いつかない人のための文章教室』p.31より）

　２つの作文には、どちらにも「つらい」という言葉も「つらいと思ったこと」も直接は書いていませんが、そのときの<u>状況を再現して、読み手に報告するように書かれています</u>。

　つまり、文脈を読ませることで、「つらい」という「思い」を伝えています。ポイントは、<u>周囲の状況をよく観察し、表現しているところ</u>です。

　思い出したこと（＝事実）だけを書くのでは、独自性がない文章になってしまいます。周囲の状況をとらえ、自分の体験したことを細かく描写し、思い出したことへの思いを書くようにすると、読んだ人がその体験を心の中で追体験して、文脈で内容を理解してくれます。

　では、指定されたテーマに関わる思いが伝わるように、文章を書いてみましょう。

> ①○○と思った事実を思い出して書きます。
> ②それにかかわる状況を思い出して書きます。

　※ポイントは、状況を再現して、読み手に報告するように書くことです。
　（10分程度）

　③書けたら、グループで発表し、批評し合ってみましょう。（20分程度）

　※特に、この表現（描写）がよかったと感じたところや、ここを工夫すればよいのではと思ったことを中心に話し合いましょう。

```
┌─────────────────────────────────────────────────────┐
│                                                     │
│  「○○と思ったこと」                                  │
│                                                     │
│      学籍番号          氏名                          │
│  ●○○と思った内容                                    │
│                                                     │
│                                                     │
│  ●思い出した状況（書く順番）                         │
│                                                     │
│                                                     │
│  ●短い文章で書いてみよう                            │
│                                                     │
│                                                     │
│                                                     │
│                                                     │
│                                                     │
│  ●他の発表者のメモ                                  │
│                                                     │
│                                                     │
│  ●他者からの評価                                    │
│                                                     │
│                                                     │
│  ●まとめ                                            │
│                                                     │
│                                                     │
└─────────────────────────────────────────────────────┘
```

4 ◉ 事後学習

　他者からの評価も含めて作成した作文を校正して、相互評価とともに授業サイト上に提出します。

次回への課題

　次回は「朝起きてから授業まで」に体験したことの文章化を行います。
　起きてから教室に来るまでの状況について、五感を活かして、いろいろと観察しながら教室に来ましょう。

第 5 回

文体にこだわって

1 ◉ ねらい

　自分の意図通りに内容を伝えるには、どのような表現をしたらよいかを考え「朝起きてから」を作成したり、文章模写の技法をまねして「朝起きてから」を書き直したりする活動を通して、文章を書くことの楽しさを体感する。

相互評価の観点（到達目標）

> 自己評価…起きてからこれまでの作文を書くことができた。
> 　　　　　文体を選び、文章を書き換えることができた。
> 　　　　　他者に自分が伝えようとした内容を伝えることができた。
> 　　　　　他者に話が「うけた」。
> 他者評価…話の内容がおもしろかった。
> 　　　　　内容や表現が、聞き手が興味をもつように構成されていた。

2 ◉ 解説

　文章を書くことに抵抗のない人、とにかく文字を書くのが苦手という人、人それぞれ「文章」を書くという活動には、さまざまな思いがあると思います。

　フランスの小説家レーモン・クノーの『文体練習』という本を、みなさんは読んだことがありますか？

　編集者の松岡正剛氏は、「編集工学のためのエクササイズのバイブルである」と評しています（※https://1000ya.isis.ne.jp/0138.html）

　『文体練習』では、単純な日常社会での出来事を99通りにわたって書き換え（言い換え）ることで、出来事やイメージ、現象や事物は常に文脈の中で解釈されていることが示され、文章や文体というものの本質を考えるきっかけを私たちに与えてくれています。

Ｓ系統のバスのなか、混雑する時間。ソフト帽をかぶった二十六歳ぐらいの男、帽子にはリボンの代わりに編んだ紐を巻いている。首は引き伸ばされたようにひょろ長い。客が乗り降りする。その男は隣に立っている乗客に腹を立てる。誰かが横を通るたびに乱暴に押してくる、と言って咎める。辛辣な声を出そうとしているが、めそめそした口調。席があいたのを見て、あわてて座りに行く。

　　　二時間後、サン＝ラザール駅前のローマ広場で、その男をまた見かける。連れの男が彼に、「きみのコートには、もうひとつボタンを付けたほうがいいな」と言っている。ボタンを付けるべき場所（襟のあいた部分）を教え、その理由を説明する。」

（『文体練習』レーモン・クノー著、朝比奈弘治訳、朝日出版社、1996 年、p.3より）

　元の文章はたったこれだけの、日常生活で見かけた出来事の描写です。

　たとえば、この情景を「英語かぶれ」という文体で書き換えると、

「ハーイ。ワン・デイのミッデイにバスに乗ったらねっ、グレート・ネックのヤングマンがいてさっ、シチーボーイを気取ってんだよ、いわゆるひとつのカインド・オブ・レースを、ハットにつけちゃってさ……」

　になり、「語尾音付加」という、すべての単語に特に意味のない音を一つずつ加える文体で書き換えると、

「ねえねえぇ、この前さあぁ、お昼にぃ、バスとかのぉ、うしろのぉ、デッキでぇ、変なやつをぉ、見たんだけどぉ、首がぁ、すっごい長くてぇ……」

といった具合になり、文の表情が印象がまったく異なって見え、元の文章に比べて楽しく伝えることができています。

　ところが、「だぐでん」といって、濁点がつけられる言葉にすべて濁点をつけてしまうと、

「あるびの、じょうごごろ、ごんざづじだバズの、ごうぶデッギで、ばだじば、あるばがものを見がげだ。ぐびがやだらにながぐ、リボンのがばりに、あんだびもを巻いだぼうじを、がぶっでいる。……」

となって、何を伝えようとしているのかが、わからなくなってしまいます。

　レーモン・クノーは、文体という堅い学びでなく、「○○らしい文体」に書き換えるという「思考」の「遊び」を通して、作文練習という訓練を体験することで、文章を書くことの楽しさと意図を伝えることの工夫である「編集術」のようなものも身につけることができる、ということを教えてくれています。

　さらに、適切に文体を選択して表現することができれば、難解な内容のものも、あるいはほとんど無内容なものでも他者に伝えることができると同時に、文体の選択を誤ると平易な内容のものでも、他者には何も伝わらないということも示してくれています。

　ここで『文体練習』を紹介したのは、文章は「目的」の設定と「内容」の吟味と「書き方」を改めて練習すると、だれでも目的に応じた文章が「書けるようになる」という体験をしてもらうためです。

　文章を書くのが苦手という人は、「文章を書くことができない」「文章を書く内容がない」と思い込んでいるだけで、本当は、「文章を書くよい環境」に恵まれていなかっただけと考えた方がよいと思います。

　逆に文章を書くことに抵抗感がない人は、これまでの人生の中のどこかで、「書く環境に恵まれ」かつ「簡単に書き上げる方法」を体得する機会に恵まれていたというように考えると、わかりやすくなるでしょう。

3 ◉ やってみよう

(1)　朝起きてからこれまでのメモから（35分）

　朝起きてから、この授業までに体験したことを、文章化する作業にチャレンジします。今回は文体にこだわってチャレンジしてみます。

　まず、「今日の朝起きてから、この時間までに体験したこと」を箇条書きで書き出します。

　ここのでのポイントは、五感（見たり聞いたり、匂いを感じたりしたことなど）から、情報を引き出すことです。（10分）

　次に箇条書きで書き出したことをもとに、5W1Hを意識して、簡単な文章を作成します。（15分）

　文章が完成したら、グループの中で発表し合って、よかった表現や工夫がほしい表現等についてお互いに評価し合い、その評価を元に文章を直します。（10分）

「朝起きてからこれまで」

○今日の朝起きてから、この時間までに体験したこと

○簡単な文章で表してみよう

⑵ 文体をまねする（55分）

　ここからは、先に作った「朝起きてからこれまで」の文章を、よりわかりやすく他者に伝えることについて学んでいきます。

　わかりやすく伝えるポイントは、まず、読み手に興味を持ってもらうことです。『文体練習』が示しているように、他の人の文体をまねてみましょう。

　たとえば、『カップ焼きそば』の作り方について説明してほしいといわれたら、あなたなら、どのように他者に説明するか考えます。
※カップ焼きそば以外のもので考えてみることも可能です。

「○○○○の作り方」

　文章が完成したら、4人グループを作って1人1分以内で発表してみましょう。（全体で5分程度）

次の文章は『もし文豪たちがカップ焼きそばの作り方を書いたら』（神田桂一・菊池良著、宝島社、2017年）に載っている村上春樹風の説明です（p.16〜17より）。

　自分たちが表現した文章と比べてみましょう。

村上春樹風「1973年のカップ焼きそば」

　きみがカップ焼きそばを作ろうとしている事実について、僕は何も興味を持っていないし、何かを言う権利もない。エレベーターの階数表示を眺めるように、ただ見ているだけだ。

　勝手に液体ソースとかやくを取り出せばいいし、容器にお湯を入れて五分待てばいい。その間、きみが何をしようと自由だ。少なくとも、何もしない時間がそこに存在している。
好むと好まざるにかかわらず。

　読みかけの本を開いてもいいし、買ったばかりのレコードを聞いてもいい。同居人の退屈な話に耳を傾けたっていい。

　それも悪くない選択だ。結局のところ、五分間待てばいいのだ。それ以上でもそれ以下でもない。

　ただ、一つだけ確実に言えることがある。

　完璧な湯切りは存在しない。完璧な絶望が存在しないようにね。

　『文体練習』でも見ましたが、文体によって、文章の雰囲気はだいぶ異なることが確認できたと思います。

　みなさんは、高校までの国語学習で、多くの作家の作品に出会ってきています。それら出会った作品の書出しや、言葉遣い・起承転結のリズム・具体の表現・終末の表現などはどうだったか思い出し、どの文体をまねれば「朝起きてからこれまで」をわかりやすく他者に伝えることができるかを考えてください。具体的には、印象に残っている作家や作品の文体をまねて、書き換えにチャレンジしてみましょう。

　たとえば、夏目漱石「坊っちゃん」の書出しは「親譲りの無鉄砲で小供の時から損ばかりしている」です。この書出しを使って「朝起きてからこれまで」の文章を書き直すとしたら、次に来る言葉は何になるか、というように考えて

いきます。

　新美南吉の「ごんぎつね」は、「これは、わたしが小さいときに、村の茂兵というおじいさんからきいたお話です」で始まり、「青いけむりが、まだつつ口から細く出ていました。」で終わっています。ごんぎつね風に書き換えるとなると、聞き語り風の描写表現をどうするかをじっくり考えることになるでしょう。

　宮沢賢治の「セロ弾きのゴーシュ」風にするならば、「トランペットは一生けん命歌っています」といったような擬人的な表現を考えることになるかもしれません。

　清少納言の「枕草子」風にするならば、「春は曙。やうやう白くなりゆく、山際すこし明りて…」のどこを現代風の言葉に置き換えればよいのかを考えることになるかもしれません。

　小説以外にも、古典や詩、俳句、短歌、新聞記事、社説等、さまざまな文体にチャレンジするのもおもしろいでしょう。
また、新聞記事風の場合は、事実と事実を補うための取材内容を淡々と述べるといった構成になるかもしれません。

　まず、どの作家もしくは作品の文体をまねてみるかを決めましょう。文体が決まったら、作成してある「朝起きてからこれまで」を「今日の朝起きてからのこと」という題で、決めた文体で書き直します。

　文章ができたら、グループ内で発表し合い、批評し合ってみましょう。

「今日の朝起きてからのこと」

----

4 ◉ 事後学習

　他者からの評価も含めて作成した作文を校正して、相互評価とともに授業サイト上へ提出します。

最終回へ向けての課題

　スクラップした新聞記事の中から、テーマを決めて、プレゼンテーションができるように資料を作っておきます。

発表原稿とフリップなどを用意してくる。
　○記事に注目した理由
　○記事では何が述べられているのか
　　→キーワードは何か
　　→複数の新聞社の記事を比べてみると
　○私の考えは

（参考図書『芸人式新聞の読み方』プチ鹿島著、幻冬舎、2017年）

第 6 回

新聞読み比べ

1 ◉ ねらい

「天声人語」などの新聞コラムの書き写しや社説の読み比べを通して、文章の構成を学ぶとともに、情報処理にかかわるメディアリテラシーを身につける。

相互評価の観点（到達目標）

> 自己評価…新聞コラムを書き写すことができた。
>   社説を読み比べて、要約のレポートを作成できた。
> 他者評価…社説の読み比べ要約文の内容は、説得力があった。

2 ◉ 解説

　ものごとの判断で重要な点は、対象となっている事象について、さまざまな観点から考察・分析して結論を出しているかということです。

　新聞の切り抜きの際も話題にしましたが、情報技術が進化し、ネットワーク環境が発達している現代社会においては、苦労せずに多様な情報を得ることができます。

　しかし、そうして得た情報の信憑性やどの観点から発せられたのかを確認せずにいると、偏った、もしくは誤った判断や行動を起こしかねない危険性があります。

　たとえば、複数の新聞に目を通してみると、時折A紙にあってB紙にないニュースがあったり、同じニュースでも扱いに軽重があったり、異なるニュアンスの見出しが付いていたりすることに気付きます。つまり、新聞各紙には、それぞれ個性があるのです。

　新聞各社の考えを示す社説からは、各紙の主張、考え方がはっきりとわかり、

その新聞の個性が見えてきます。

　私たちに求められる重要な能力は、公平に耳を傾け、かつ主体的に判断し、多様性を受け入れることだといえます。

　たとえば、2019年に行われた参議院選挙結果に関する新聞各紙の見出しに着目してみましょう。（各紙2019年7月22日朝刊）

　　与党勝利　改選過半数 ── 一人区自民22勝10敗 ──（読売新聞）
　　与党が改選過半数 ── 改憲勢力2/3割れ ──（日本経済新聞）
　　自公勝利　改選過半数 ── 改憲3分の2届かず ──（毎日新聞）
　　自公　改選過半数 ── 改憲勢力2/3は届かず ──（朝日新聞）

　元にしているデータは同じはずですが、データの切り取り方や表現の仕方で、読者の受けとるイメージはまったくといってよいほど異なってきます。新聞に限らずあらゆる情報には、伝える側の意図が含まれています。

　そのため、伝え方一つで、読み手のとらえ方は大きく変化します。

　新聞に限らず、メディアをはじめとする情報は、この性質を利用して、読み手の考え方や判断に大きな影響を及ぼしています。

　ジャーナリストの池上彰氏は、世の中を知るには新聞、世の中を理解するには書籍と述べています。さらに新聞については、論調の異なる新聞を2つ読むことを最低条件にしています。これは、ものごとを多面的・多角的にとらえるための、複合的に世の中を見る目を養うことが大切だということを説いているといえます。

　この読み比べに関する学習は、小学校5年生の国語から、「目的に応じて、本や文章を比べて読むなど効果的な読み方を工夫すること」や「編集の仕方や記事の書き方に注意して新聞を読むこと」の学習で、すでに学んでいることですが、ここでは楽しく新聞を読む活動を通して、多面的・多角的にものごとを分析する力を伸ばしてみましょう。

　（参考図書『僕らが毎日やっている最強の読み方』池上彰・佐藤優著、東洋経済新報社、2016年）

3 ● やってみよう

⑴ 新聞コラムの書き写し(20分)

　まず、天声人語などの新聞社のコラムを書き写すことで、文体や表現の仕方を体験的に学びます。

　新聞各社のコラムは、決められた字数の中で、時々の話題を解説したり、批評したりして、各社の主張を伝えようとしています。

　複数の新聞社のコラムを読むことと同時に、書き写してみると、目的に応じた文章表現の仕方を体験的に学ぶこともできます。同時に、世相を多面的・多角的に読み取ることができ、自らの意思決定の訓練の場になります。

　試しに、すべてひらがなで書かれた天声人語を、天声人語の原稿用紙に漢字かな混じり文に変換してみましょう。

　うまくいけば、マスが余ることなく文章ができあがります。漢字かな混じり文に変換し原稿を書くときの注意は、改行部分を▼の印で示し、改行はしないという点です。

　書き終えたら、4人グループを作って自分が書いた文章と他の人の文章とを比較し、表現の違いなどに注目して、講評し合ってみましょう。

[例文]「天声人語：翻訳語の世界」

にほんいでんがくかいがさきごろ、「ゆうせい」「れっせい」ということばづかいをやめるとはっぴょうした。いでんしのとくちょうがあらわれやすいかどうかをしめすやくごだったが、ゆうれつのごかんがもんだいとされた。れっせいいでんびょうなどとしんだんされれば、ふあんになるひとがいるのではないかと▼かわりとなるあたらしいことばは「けんせい」と「せんせい」である。しょうしょうとっつきにくいが、こちらのほうがせいかくという。わかりやすさ、ただしさ、そしてうけとめるひとへのきづかい。ほんやくとは、かくもせんさいなものか▼だからこそいみがくわえられるよちがあるのだろう。たとえば「のうやく」はごまかしのあるやくごだと、ほんやくかのたるみゆうじさんがちょしょ『なやましいほんやくご』でのべている。「さっちゅうざい」とすべきところをのうぎょうのくすりとすれば、わるいいんしょうがうすまってしまう▼「かんきょうおせん」でなく「こうがい」とやくすのももんだいがあるとする。おおやけががいをなすとおもわれ、しきぎょうのつみがあいまいになるとのひはんが、かつてあったという。いまはむしろひがいのひろがりをいみし、きぎょうのせきにんのおもさをしめすようにおもえるから、ことばはまさにいきものである▼ふだんつかうことばのおおくは、せんじんたちのしこうさくごのうえにある。そさえてぃーは「にんげんこうさい」「なかまれんちゅう」などとやくされたすえに「しゃかい」におちついた。かぞくともそんらくともちがうつながりがある。そんなかんがえかたがていちゃくしていった▼さいきんはどうもほんやくのどりょくがたりないようだ。こみっとめんとやがばなんすなど、そのままもちこまれるれいがめにつく。いみをあいまいにし、ごまかすためにつかわれるのでなければいいが。

（朝日新聞2017年9月19日 朝刊をもとに作成）

⑵　社説のコピペ（70分）

- -

　新聞各社の社説を読み込んで、それぞれの社説の要旨をまとめ、「社会にはどのような考え方があるのか」、そして、それらの考え方を踏まえて、「自分はどのように考え判断を下すのか」についての文章を作成します。

　まず、新聞各紙の社説を読み、新聞社それぞれの主張の部分をチェックします。

　次に、ポイントとなるところを抜き出して自分のワープロソフトに書き込みます。その際に、どの新聞社の社説なのかを明示します。

　ポイントを全部書き込めたら、それぞれの文章をどのように結びつけていったらよいかを考えて、一つの文章になるように配置してみます。

　ここでのポイントは、助詞の追加は認めますが、内容は変えず、一つの文章に作り上げることです。

　続いて、作り上げた文章に自分の意見や感想を追加します。

　文章が完成したら、グループでそれぞれの文章を批評し合います。

　その際の評価の観点は、以下となります。

> 意味が理解できる文章になっている
> 社説の主張が、根拠に基づいてなされている
> 他者にわかりやすく構成されている

　最後に、批評内容をもとに文章を修正します。

4 ◉ 事後学習

　修正した文章を授業サイト上に提出します。

　次回は本の要約になります。
　本の内容の要旨を確認しておきましょう。

第7回

本の要約

1 ◉ ねらい

　本の内容を要約し、その内容を他者にわかるように書評を作成する技能を身につける。

相互評価の観点（到達目標）

> 自己評価…本の内容を読み解き、要約することができた。
> 　　　　　他者に本の内容をわかりやすく構成した書評を作成することができた。
> 他者評価…書評の内容はわかりやすかった。
> 　　　　　発表がわかりやすかった。

2 ◉ 解説

　今回は、「学修」に向けて「読書」という観点で、これまでの学びのまとめを行います。

　そこで、今回の評価の観点（到達目標）は、本の内容を読み解き、要約した内容を他者にわかりやすく伝える手段として、書評を作成することができる、としました。

　じっくりと読んできた本の概要を、他者にうまく伝えられるかが課題です。

　他の人がどのようなまとめ方と発表の仕方をするのか、じっくりと批評してみましょう。それぞれの個性が発揮され、楽しい学びになると思います。

　また、他の人の発表等で良かったと思ったことについては、まねて吸収し、最終回のプレゼンテーションに活用しましょう。

3 ◉ やってみよう

　事前学習で、本を読み重要と思う部分をチェックしてあるので、以下の手順
にしたがって要約をします。

(1)　要約

要約の手順

①　この本は何のために書かれているのか

②　「目次」「まえがき」「あとがき」からわかるポイントチェック

③　説明文や論文の場合のチェック内容
　　　・本質…なぜ　　　　　・目的…章ごとの目標地点
　　　・手段　　　　　　　　・テクニック　　　　　　　・分析
　　　・メリット　　　　　　・デメリット

⑵　要約文から書評の作成

次に、要約の手順にしたがってチェックした内容に即して、文章化します。
要約文の作成では、文字数は制限せずに、文章を書いていきます。
この作業のポイントは、この本を「読んでいない人」に内容が伝わるようにまとめることです。
前段でチェックした要約として必要な内容を、どんどんワープロソフトに書き込んでいきます。

文章ができあがったら、次はその文章を添削して、600字程度の「書評用」の文章に構成し直します。この本を「読んでいない人」に内容が伝わるようにということを考えると、５Ｗ１Ｈのスタートは、Whyから始めると説得力のある文章になります。

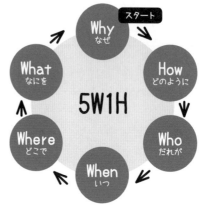

⑶　グループ内で作成した書評を評価し合う

書評ができあがったら、４人グループを作ってグループ内で発表します。
作成した要約文と書評を授業サイト上に提出し、グループ内で、それぞれ２分程度で書評を発表し、内容が伝わったか話し合い批評します。
批評のポイントは、要約文と書評とを比べ、きちんと内容が伝えられているかを確認することです。
批評が終了したら、評価の内容をもとに書評を書き直します。

4 ◉ 事後学習

書き直す書評を完成させ、授業サイト上に提出します。

次回に向けて、新聞スクラップからとっておきの記事を探し、関連した内容の事項について調べておきます。（第８回の内容を確認しましょう。）

新聞記事をもとに
プレゼンテーションを作成

1 ◉ ねらい

　記事を読み解き、記事内容を自分なりの視点で探究し、探究した内容を他者にわかるように構成することを学ぶとともに、プレゼンテーションの技能を身につける。

相互評価の観点（到達目標）

> 自己評価…記事を読み解き、探究する課題を設定できた。
> 　　　　　探究の成果を、他者にわかりやすく伝える
> 　　　　　プレゼンテーションが作成できた。
> 他者評価…プレゼンテーションの内容は、説得力があった。

2 ◉ 解説

　プレゼンテーションとは、（自分の目的を達成するために）他者に自分の意見や情報を伝え、理解し・納得してもらうために行うものです。

　そう考えると、学術研究の場だけでなく、日常生活でのあらゆる場面で行われている行動です。

　プレゼンテーションが成功するコツは、相手が内容を理解するということです。プレゼンテーションを聞いた後に、相手が「この話し手は何を言っているんだろう？」「何を伝えたいのかさっぱりわからない」という状態では、相手にこちらの意見や考えが伝わりません。

　さらに、重要なことは、相手がプレゼンテーションの内容に納得するということです。

プレゼンテーションを聞いた後に、相手が「言いたいことはわかるが…」「言いたいことは理解したが、腑落ちしていない」という状態では、納得してもらうことはできません。

そこで、プレゼンテーションを作成する上で重要な流れを確認しましょう。

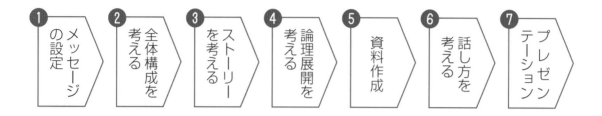

作業では、まず、相手に伝えるべきメッセージは何かを明確にします。

次に、全体的な構成を考えます。メッセージのアウトラインを設定し、何をどんな順番でどのように伝えていけば、理解してもらえるか、納得してもらえるかを、人間の問題解決の過程（思考の過程）に合わせて考えてみます。

全体構成ができたら、プレゼンテーションのストーリーを考えます。

ストーリーの基本形は「起承転結」ですが、展開方法は演繹法と帰納法があります。

演繹法とは三段論法とも呼ばれ、2つの事実や情報を関連付けて、必然的な結論を導く方法です。たとえば、「富士山は日本一高い」「日本一のモノは人気がある」という2つの事実や情報から、「富士山は人気がある」という結論を導き出す方法です。

帰納法は、多くの観察事項や事実から共通点をまとめ上げることで、結論を引き出すという思考法です。たとえば、「大根の価格が高い」「白菜の価格が高い」「チンゲン菜の価格が高い」という3つの観察事項や事実から、「野菜の価格が高騰している」という結論を導き出す方法です。

また、結論を導き出す際に、因果関係を錯覚してしまうこともあります。たとえば、夏になるとアイスクリームは売れますし、ビールも売れます。

しかし、アイスクリームとビールの売り上げに相関関係はありますが、因果関係はありません。ですから、夏暑くなり、アイスクリームが売れるとビールも売れると結論付けてしまうと、間違った結論を導き出したことになってしまいます。

　新聞記事のスクラップから、課題を見つけ出して、その課題に対する自分の意見を構築して、相手が理解し、納得するプレゼンテーションにチャレンジしてみましょう。

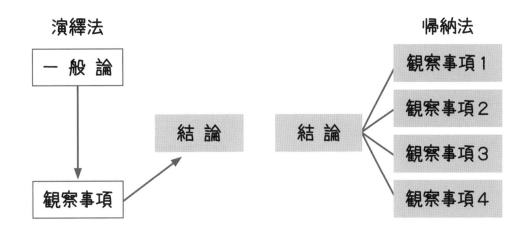

3 ◉ やってみよう

⑴　記事から探究課題を設定し、ICT等を活用して探究する（事前）

　自分がスクラップしてきた記事の中から、事前学習として、深く追究したい課題と課題に関連した資料を収集しておきます。

※どの資料を調べたのかも、明示しておくことが必要です。

※ICTとはInformation and Communication Technologyのことで、情報通信技術や情報機器のことです。

⑵　調べた内容をまとめ、プレゼンテーションの資料を作成する（60分）

　1人2分でプレゼンテーションが終わるように、パワーポイントなどのプレゼンテーションソフトを活用して、プレゼンテーションの資料を作成します。

①資料作成のコツ

・1枚のスライドで、メッセージ
　は一つにする
・できるだけ構造を単純簡潔にす
　る
・あいまいな表現・抽象的な表現
　を避ける
・「パッと見」で効果的に伝えら
　れるのは、13字以内
・画像は左、説明は右で
　構成する効果的
・レイアウトは、上から下へ
　　　　　　　（Z型）
　　　　　左から右へ
　　　　　　　（F型）
・デザインはシンプルに
・背景は、基本的に色やイラスト
　をつけない
・1スライドにつき文字数は、
　100字以内

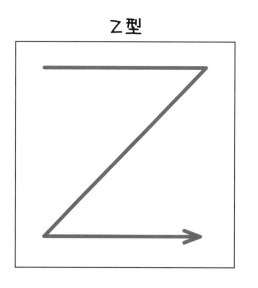

Z型

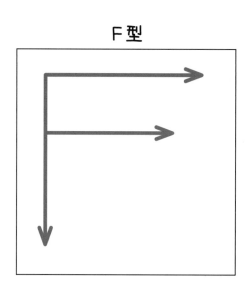

F型

②内容について

- 課題からプレゼンテーションの目的を明確に…何を訴えたいのか
- 伝えるべきメッセージを明確にする資料を精選する
  ※資料の出所を明確に多角的・多面的に分析する
- 全体的な構成を考える
- 論理展開に問題がないか確認する

(3) グループ内でプレゼンテーションを行う（10分）

　４人グループを作って、グループ内で各自プレゼンテーションを行い、お互いのプレゼンテーションの良かったところと、改善した方がよいところを指摘し合い、グループの中でのベスト賞を決めます。

(4) 各グループのベスト賞を発表する（20分）

　いくつかのグループのベスト賞に選ばれたプレゼンテーションを聞く。

4 ◉ 事後学習

　ベストプレゼンテーション等を参考に各自のプレゼンテーションを構成し直し、完成したら授業サイト上に提出し、相互評価を行う。

編 著 者 紹 介

小山　茂喜
（こやま・しげき）

信州大学教授
（学術研究院総合人間科学系）

長野市生まれ、小・中学校の教諭、教育
委員会指導主事等を経て2010年から現職。
専門：教育方法、教師教育

作 成 協 力 者

高野　嘉寿彦
（信州大学総合人間科学系教授）

茅野　公穂
（信州大学教育学系教授）

谷塚　光典
（信州大学教育学系准教授）

伊藤　冬樹
（信州大学教育学系教授）

森下　孟
（信州大学教育学系准教授）

新訂版
学術リテラシーハンドブック

2021 年 3 月 31 日　初版第 1 刷発行
2023 年 3 月 31 日　初版第 3 刷発行

編著者　小山　茂喜
発行人　安部　英行
発行所　学事出版株式会社
　　　　〒 101-0051 東京都千代田区神田神保町 1-2-5
　　　　tel 03-3518-9655
　　　　ＨＰアドレス　https://www.gakuji.co.jp/

編集担当　二井　豪
デザイン　田口　亜子
編集協力　上田　宙（烏有書林）
印刷・製本　電算印刷株式会社

ISBN 978-4-7619-2711-0　C3037　Printed in Japan